그가 하늘에서 내려오셨다

성육신과 그리스도교 신앙

찰스 윌리엄스 지음·민경찬 옮김

He Came Down from Heaven

By Charles Williams

Originally published in 1938

Korean translation edition copyright © 2025
by Lux Mundi Co., Ltd., Seoul, Republic of Korea

All rights reserved

이 한국어판의 저작권은 ㈜룩스문디에 있습니다.
신 저작권법에 의해 한국 내에서 보호를 받는 저작물이므로
무단 전재와 복제를 금합니다.

He Came Down from Heaven
그가 하늘에서 내려오셨다
성육신과 그리스도교 신앙

찰스 윌리엄스 지음 · 민경찬 옮김

| 차례 |

1. 하늘과 성서　　　　　　　　　　　　　　　7

2. 앎의 타락에 관한 신화　　　　　　　　　25

3. 용서의 신비와 허영의 역설　　　　　　　55

4. 하느님 나라의 선구자, 그리고 성육신　　97

5. 신학으로 본 낭만적 사랑　　　　　　　135

6. 대속하는 사랑의 실천　　　　　　　　　181

7. 도성　　　　　　　　　　　　　　　　　213

찰스 윌리엄스 저서 목록　　　　　　　　237

미갈MICHAL*,
영광의 가르침에 대해 공부할 수 있게 해준 이에게

* 아내 플로렌스 콘웨이 윌리엄스Florence Conway Williams를 가리킨다.

일러두기

· 역자 주석의 경우 * 표시를 해 두었습니다.

· 성서의 경우 기본적인 표기는 『공동번역 개정판』(1999)을 사용하는 것을 원칙으로 했으나 원문과 지나치게 차이가 있을 경우 대한성서공회판 『새번역』(1999)을 참조했으며 그마저 차이가 있을 경우 옮긴이가 직접 옮겼음을 밝힙니다.

I
하늘과 성서

'하늘'Heaven이라는 말은 주님의 기도에서 두 번, 니케아 신경에서 세 번 나온다. 이 말이 들어있는 구절은 다음과 같다.

하늘에 계신 우리 아버지
당신의 뜻이 하늘에서와 같이 땅에서도 이루어지게 하소서.

하늘과 땅과 유형무형한 만물의 창조주를 믿나이다.

우리 인간을 위하여,
우리의 구원을 위하여,

하늘에서 내려오시어

하늘에 올라 (성부 오른편에 앉아 계시며)

또한, 복음서에는 "하늘나라가 가까이 왔다", "하늘나라"라는 말이 자주 등장한다.

옥스퍼드 영어 사전은 '하늘'이라는 말이 지닌 여러 의미를 제시한다. 사전에 따르면, 이 단어는 고대 영어 '헤펜'hefen에서 유래했다. 처음에 이 말은 하늘 또는 창공, 즉 이 땅 위에 있는 공간을 뜻했다. 시간이 흐르며 사람들은 '하늘'이 여러 층으로 나뉘어 있다고 생각했다. 그 결과 하늘은 '하느님과 천사들이 사는 곳'이라는 의미도 갖게 되었다. 더 나아가 초서Geoffrey Chaucer가 활동하던 시대에는 '하느님과 하나 됨으로써 이르게 되는 복된 상태'라는 의미로도 쓰였다. 오늘날 종교 용어로서 '하늘'은 영적인 의미와 공간의 의미가 함께 있는데, 사람들은 의도하지 않았다 할지라도 영적인 의미보다는 공간의 의미를 좀 더 강조하는 경향이 있다.

이렇게 공간의 의미를 좀 더 강조하는 경향이 있는 이유는 주기도문의 첫 구절 때문이다. 이 기도문은 다른 어떤 신앙고백보다 널리 알려져 있고 자주 쓰이는데, "하늘에 계신 우리 아버지"라는 표현은 "우리 아버지"께서 저 위, 어떤 장소에 계신 것 같은 인상을 준다. 가뜩이나 사람들은 이미 하느님을 여기와는 다른 어떤 공간에 있는 분으로 여기는 경향이 있는데, 이 표현으로 인해 그런 생각이 더 강화되는 것이다. 그래서인지 대다수 사람은 하느님을 특정 장소에 계신 분으로 규정해서는 안 된다는 그리스도교 신학의 위대한 가르침을 잘 모르고, 배운다 해도 잘 새기지 않는다. 노력해서 기억해야 하는 이런 가르침과 달리 "하늘에 계신"이라는 표현은 너무나 자연스럽게 우리 기억에 새겨져 있다. 우리는 이 표현이 손쉽게 일으키는 이해 방식을 경계하고 거부하도록 주의를 기울여야 한다.

물론 구원이나 축복, 혹은 하느님께서 함께하신다는 의미로서 '하늘'이 실제 공간에 있음을 부정할 수는 없다. 이를 부정하는 건 성육신을 부정하는 것이다. 하지만 하늘은 오직 하느님의 본성 덕분에 존재한다. 달리 말해 모든 복된 것은 오직 하느님이 존재하신다는 사실과 연결되어 있다. 유대교 전통에서는 모든 장소가 하느님과 관련이 있지만, 하느님은 어떤 장소에도 매이지 않으신다는 의미에서 하느님을 '장소 중의 장소'The Place라고 불렀다. 이를 염두에 둔다면 주기도문을 묵상할 때 (정신을 훈련하는 차원에서) "하늘에 계신 우리 아버지"를 "하늘을 품고 계신 우리 아버지"로 바꾸어 생각해 보는 것도 좋다. 물론 이 표현은 "하늘에 계신 우리 아버지"라는 표현이 지닌 단순한 아름다움, 그 안에 담긴 깊이를 온전히 담아내지는 못한다. 게다가 "하늘에 계신 우리 아버지"라는 표현은 첫 번째 오류만큼이나 저지르기 쉽고, 어쩌면 더 위험할 수도 있는 오류를 막아준다. 하느님의 본성이 근본적으로 공간에 매이지 않음을 새기는 훈련은 비교적 쉽다. 하지만 그분의 본성이 근본적으로 '아버지 됨'에 있지 않음을, 달리 말해 하느님이 근본적으로 '우리를 위해' 존재하시지 않음을 새기기란 쉽지 않다. 우리는 하느님이 우리와 어떤 관계를 맺고 계시는지에만 관심을 기울일 수밖에 없다. 예수께서 "나는 길이다"라고 말씀하셨을 때 이는 예수가 하느님께서 인간과 관계 맺는 방식이라는 뜻도 되고, 인간이 하느님과 관계 맺는 방식이라는 뜻도 된다. 하지만 하느님께서 근본적으로 '우리를 위해' 존재하신다는 생각과 '자신을 위해' 존재하신다는 생각 사이에는 분명한 차이가 있다.

주기도문의 도입부, "하늘에 계신 우리 아버지"는 "우리 아버지"라는 의미를 "하늘"이 가리키는 복된 상태 안에서만 온전히 이해할 수 있음을 암시한다. 이렇게 하느님의 아버지 되심을 그분의 거룩한 초월성 가운데 이해하는 것은 현학적인 신학 설명이 아니다. 이를 깊이 숙고해야 우리는 겸손한 마음으로 진지하게 그분을 예배할 수 있다. 이를 깊이 성찰하면 (아이작 월튼Izaak Walton이 전하는 바에 따르면) 존 던John Donne이 "일종의 영적 황홀경 가운데" 즐겨 말했다고 전해지는 맑고 선명한 고백을 할 수 있게 된다.

> 하느님을 찬미합니다.
> 그분만이 하느님이시며
> 신성하게 자기 자신과 같으신 분이십니다.

복된 상태로서 하늘은 주기도문의 두 번째 구절("당신의 뜻이 하늘에서와 같이 땅에서도 이루어지게 하소서")에서 그 의미가 더 분명해진다. 많은 사람은 이를 두고 천사들이나 어떤 존재들이 공간으로서 하늘을 소유하거나 하늘의 상태를 누리고 있다고 여기며, 우리도 그들이 하늘에서 누리는 걸 땅에서 누려야 한다고 생각한다. 하지만 여기에는 더 깊은 의미가 있다. 하늘에서 이루어진 하느님의 뜻은 천사들뿐 아니라 우리와도 직접적인 관련이 있다. 우리가 지금 간절히 기도하며 땅에서 이루어지기를 바라는 모든 일이 하늘에서는 이미 온전히 이루어져 있다. 이 땅에서 살아가는 동안 우리는 이 현실이 어떻게 드러나는지를 알아가야 하지만, 하늘에서는 이미 완성되었다. 하늘이 시간을 초월한다는 건 바로 이를 가리킨다. 하늘은 영원을 품고 있다. 보에티우스Boethius가 아퀴나스Thomas Aquinas에게 전해준 말을 빌리면 "영원한 생명이 온전히 깃든 상태"인 것이다.

하늘에서는 과거, 현재, 미래가 동시에 있기에 어떤 면에서 우리가 지금 드리는 기도는 이미 응답을 받았다고 할 수 있다. 우리에게 남은 일은 시간을 살아가는 가운데 그 응답이 어떻게 드러나는지를 발견하는 것이다. 이러한 관점에서 보면 "당신의 뜻이 하늘에서와 같이 땅에서도 이루어지게 하소서"라는 구절은 '당신의 뜻은 이미 하늘에서, 곧 당신 안에서 온전히 이루어져 있고, 알려져 있습니다. 이제 이 땅에서 당신의 뜻이 어떻게 이루어졌는지 우리가 알게 하소서'라는 의미로 새길 수 있다. 하느님의 뜻이 이미 이루어졌음을 믿으며 그 실현을 기다리는 가운데 '신앙'faith은 완성되어 간다.

그러므로 하늘은 복이자 하느님의 뜻이 과거와 현재, 미래를 아우르는 가운데 영원하고도 완전히 성취된 것이다. 하느님께서는 우리가 관계 맺을 수 있는 상태(혹은 장소)로서 하늘을 창조하셨다(니케아 신경에 나오는 "하늘과 땅의 창조주"를 기억하라). 니케아 신경은 공간의 은유를 빌려 '땅'과 '하늘'이 어떤 관계를 맺고 있는지 선언하고 그 과정을 그린다.

> 우리 인간을 위하여, 우리의 구원을 위하여,
> 하늘에서 내려오셨고 … 하늘에 오르셨다.

　영원한 복의 상태에서 인간을 향한 특별한 의도를 품은 무언가, 혹은 누군가가 나타났고 다시 돌아간다. 그리고 이 존재는 하느님의 뜻, 곧 하느님과 관련이 있다. (일반적인 정의에 따르면) 그러한 상태에서 나왔다 다시 돌아갈 수 있는 존재는 하느님 외에 없기 때문이다. 어떻게 하느님의 뜻, 곧 하느님이 이 땅에 출현할 수 있는지, 그리고 어떻게 다시 하늘로 돌아갈 수 있는지 따지는 건 여기서 다룰 주제가 아니다. 다만 신경이나 주기도문에 나오는 하늘을 영적 상태, 물리적인 공간으로 볼 수 있듯 신경이나 주기도문에 나오는 땅 역시 두 의미를 모두 담고 있다는 건 분명하다. 땅은 우리가 살아가는 물리적 장소임과 동시에 우리가 알 수 있는 유일한 상태, 즉 일정한 공간 안에 있는 우리의 영적 상태다. 땅이 물리적 속성, 영적 속성을 품고 있음을 이해하면 자연스럽게 하늘 역시 물리적 속성, 영적 속성을 지니고 있음을 이해할 수 있다. 물론 하늘과 땅은 구별된다. 땅은 하늘이 품고 있는 영원을 품고 있지 않은 장소, 영원성을 결여한 상태다. 땅이 완전함을 지니고 있다면, 그건 시간이 흐르는 가운데 이루어지고 알려지는 완전함이다. 하느님의 뜻은 최상의 복을 지닌 하늘(그리고 하느님의 뜻과 온전한 관계를 이룬 모든 피조물이 누리는 복된 상태)에서 내려와 다시 그곳으로 올라간다. 예수께서 "하늘나라가 가까이 왔다"고 말씀하셨을 때 이는 하느님의 뜻이 하늘과 땅을 오가는 움직임을 가리킨다. 그리고 어떤 면에서는 바로 그 움직임 자체가 하늘이다.

그리스도교는 바로 이 관계에 대한 정의definition라 할 수 있다. 그리스도교 세계에서 이 관계는 두 가지 형식으로 남아 있다. 하나는 성서 정경이고, 다른 하나는 교회의 전례다. 성서가 없는 전례, 전례가 없는 성서는 완전하지 않다. 둘은 결코 따로 이해할 수 없다. 굳이 구분하자면 사도행전으로 대표되는 성서는 '어떤 일이 일어났는가'를 증언하고, 전례는 '어떤 일이 일어나고 있는가'를 증언한다(서신서는 두 영역 모두에 걸쳐 있다). 물론 과거에 일어났던 모든 일은 현재 일어나고 있는 일의 정체를 보여 준다. 역사에서 일어난 모든 사건, 특히 성서가 증언하는 사건들은 인간 영혼이 시간을 살아가는 가운데 일어나는 일들이 무엇인지 보여 주는 장엄한 그림이다. 그리스도교 세계는 언제나 이 둘(성서와 전례)이 떼

려야 뗄 수 없이 연결되어 있다고 주장해 왔다. 즉, 역사의 사건들이 없다면 인간 영혼에서 어떤 일도 일어날 수 없다는 것이다. 불가능한 이야기지만 그리스도교가 근거하고 있는 역사적 사건들이 일어나지 않았음이 '확실하게' 입증되었다 할지라도, 그리스도교인들에게 이 사건들은 '아직' 일어나지 않았을 뿐이다. 때와 장소가 잘못 기록되었다 할지라도 잘못은 오직 그뿐이다. 터무니없는 상상이지만 그리스도교의 기초가 실제로 놓이지 않았다면 우리는 아직도 설계 도면만 갖고 있었을 것이다. 그리고 어떤 설계 도면으로도 이 기초를 세울 수 없다. 정통파 신자들이 동정녀 탄생과 같은 교리를 (때로는 과도할 정도로) 열정적으로 수호하려는 이유는 (신비적인 해석이나 무조건적인 고집을 제외하면) 바로 이런 역사의 의미가 완성되었음을 가리키려 하기 때문이다. 서로 대립하는 요소가 으레 그러하듯 '과거에 일어난 일들'과 '오늘을 살아가는 우리'는 하늘나라가 임하는 가운데 만난다. 이 만남을 통해 과거의 일은 단순한 옛날이야기가 아니라 현재 진행형의 사건이 된다. 달리 생각해 보면, 과거의 사건이 지금 우리에게 의미가 있으려면 어떤 식으로든 실제로 일어났어야 한다. 즉, 실제로 일어났기 때문에 지금 우리에게 현실이 되며 의미가 있다.

성서는 이 하늘나라가 무엇인지 정의하고, 어떻게 임하는지 설명한다. 이때 성서란 영어 성서, 즉 개정된 제임스 흠정역Revised Version 성서를 가리킨다. 좋든 싫든 이 성서는 영국인이 수백 년 동안 그리스도교를 이해하며 사용한 원천이자 영국인의 그리스도교적 상상력을 빚어낸 원천이기도 하다. 여기에는 분명 넓은 의미에서 보편 교회의 교리들이 영향을 미치고 있다. 하지만 현재 그리스도교에 관심을 보이는 대다수 영국인은 성서와 교회를 하나의 유기체로 보기보다는 (교회가 하느님의 영감을 받아 성서를 낳았다고 보기보다는) 서로 동떨어진 별도의 개체로 보는 경향이 있다.

그래서 여기서는 성서에서 끌어낸 고백, "그분이 하늘에서 내려오셨다"라는 교회의 고백이 얼마나 다층적인 상상력을 불러일으키는지 살피려 한다. 한 마디 덧붙이면 오늘날 현대인은 성서를 위대한 문학 작품으로 보는 경향이 있다. 일정한 조건을 달아 성서를 존중하는 것 같은 이러한 태도는 과거 신앙의 선배들이 종종 보였던 맹목적인 성서 숭배가 더 잘못된 방향, 더 일그러진 방향으로 나아간 것이라 할 수 있다. 이런 태도는 의도적으로 종교성을 배제하는 동시에 성서에 대해 제대로 된 비판적 시각도 갖지 못하게 만든다. 이렇게 말하는 이유는 성서를 문학 작품으로서 존중한다면서도

(기이하게도) 성서가 말하고자 하는 핵심을 무시하는 경우가 너무나 많기 때문이다.

물론 성서에도 여러 작은 주제가 있다. 다른 문학 작품들처럼 성서 역시 인간의 면모를 생생하게 보여 주는 수많은 이야기로 구성되어 있다. 성서는 이 이야기들을 서사, 대화, 서정시, 역사서, 편지, 법전, 때로는 종말에 대한 환상이나 창조 신화 등 다양한 형식으로 표현한다. 룻의 헌신, 인내하지 못하는 욥, 다윗의 고뇌, 술람미 여인의 열정처럼 잘 알려진 이야기도 있고, 덜 알려진 이야기도 있다. 이런 점에서 성서 전체는 인간의 다양한 면모가 서로 얽혀 있는 하나의 그물망이라 할 수 있다. 성서는 단순한 시작에서 출발해 점차 주제를 확장하며 하나의 커다란 그림을 그려나간다. 또한 개인을 넘어선 삶의 방식, 즉 공동체나 집단의 삶에도 관심을 기울인다.

하느님과 예수 그리스도 같은 초자연적 존재를 제외하면 구약의 주인공은 이스라엘이고 신약의 주인공은 교회다. 이들은 기본적으로 성서 속 인물들을 움직이는 주된 배경이 된다. 물론 특별한 개인이 두드러질 때도 있다. 그러나 그 개인조차 결국에는 공동체를 비추고, 다시 자신이 속한 공동체로 돌아간다. 이스라엘 사람이 이스라엘 민족의 일부이고, 각

신자가 교회의 일부라는 사실은 결코 사라지지 않는다. 결국 주인공은 더 큰 공동체다. 이런 크고 작은 공동체를 통해 인류라는 하나의 거대한 공동체 의식이 형성되며, 그렇게 개인과 공동체, 나아가 인류 전체는 하느님이라고 불리는 제1원인, 중심과의 관계 속에 자리 잡는다.

성서의 중심 주제는 작은 이야기들과 그 이상의 무언가로 이루어져 있다. 모든 위대한 문학 작품이 그러하듯 작은 이야기들은 더 큰 주제를 드러내는 데 기여한다. 성서 정경 전체는 하나의 특별한 이야기, 즉 인간이 본래 무엇이었는지, 어떻게 그 본성이 훼손되었는지, 또 어떠한 방식으로 회복될 수 있는지에 관한 이야기를 들려준다. 이 핵심을 무시한다면 문학 작품으로서의 성서도 제대로 이해하지 못한 것이다. 성서에서 중심 사상과 그 사상이 인격화된 모습을 제거해도 형이상학 작품이 문학 작품으로 바뀌지는 않는다. 그저 파편과도 같은 본문들이 이상하게 쌓인 문헌이 될 뿐이다. 하지만 전체를 있는 그대로 본다면 성서는 인간의 본성과 운명이라는, 인간과 관련된 가장 거대한 주제를 다루는 문학 작품이다. 이 가르침이 옳은지 그른지는 따로 논할 수 있지만, 이 가르침이 없다면 성서는 책으로서 어떤 의미도 없다. 그때 성서는 자신의 주장과 달리 인류 전체에 관한 이야기가 되지 못하고 몇몇 개인들에 관한 이야기로 전락하고 만다. 오늘날에는 그런 식으로 성서를 읽는 것을 미덕으로 여기는지 모른다. 하지만 좋은 문학 비평이라고는 할 수 없다.

우리에게는 진실로 좋은 문학 비평이 필요하다. 신학자나 고등비평가나 근본주의자가 아닌 우리, 즉 대다수 일반 독자에게 말이다. 우리가 성서에 관심이 있다면 『리어왕』King Lear이나 『서곡』the Prelude을 읽을 때처럼 이 책이 진실로 무엇을 말하는지 알고 싶어 할 것이다. 그리고 이는 오직 문학 비평이라는 방법을 통해서만 가능하다. 성서가 보여 주는 인간의 다양한 면모를 알기 위해서는, 구절과 구절이 어떻게 연결되고 서로를 밝혀 주는지를 알기 위해서는, (무리한 해석을 피하며) 복잡한 내용은 복잡한 대로, 단순한 내용은 단순한 대로 이해하기 위해서는 문학 비평을 활용할 수밖에 없다. 성서가 말들로 이루어져 있기에 그 외 다른 방법은 없다. 성서를 읽고 묵상하는 활동은 결국 말과 씨름하는 일이다. 우리는 성서의 말들에서 가능한 한 가장 깊은 의미를 끌어내기 위해 성서를 읽고 묵상한다.

어떤 책들은 깊이 읽다 보면 단순히 겉으로 드러나는 내용을 이해하는 차원을 넘어 도덕의 측면에서, 형이상학의 측면에서 그 내용에 동의할지 말지를 결단하게 만든다. 즉,

문학 비평을 통해 책으로 들어가면 우리는 문학 비평을 통해 곧바로 발견하게 되는 것보다 더 강렬한 무언가를 만나게 된다. 그리고 그때 해당 책은 단순한 문학 작품을 넘어선다. 『천로역정』the Pilgrim's Progress, 『신곡』the Divine Comedy, 『사물의 본성에 관하여』De Natura Rerum, 성서가 바로 여기에 해당한다. 예수께서 군중을 가리키며 "보아라. 나의 어머니와 나의 형제들이다"(마태 12:49)라고 외치시자 군중이 갑자기 예상치 못한 직분과 권위를 부여받아 이전과는 다른 존재가 되었듯, 문학 비평을 통해 저 책들에 다가가면 저 책들은 단순한 문학 작품 이상의 무언가가 된다. 물론 예수께서 군중이 자신의 어머니이자 형제라고 선언하셨다고 해서 그들의 본래 인간됨이 바뀌지 않듯, 저 책들을 이루는 말들 역시 바뀌지 않는다.

성서를 읽을 때는 문학 비평에서 한 가지 중요한 법칙, 바로 말들의 기존 의미를 비우는 일이 유용하게 쓰일 수 있다. 위대한 시를 공부해 본 사람이라면 그 시를 이루는 말들을 살필 때 시인이 의미를 채우기 위해 그 말들의 관습상 의미, 일상적인 의미를 비워내야 했다는 사실을 알 것이다. 물론 성서에 있는 말들도 일상과 관습에서 쓰일 때 가리키는 의미가 있고, 우리가 짐작할 수 있는 방향을 지니고 있다. 하지만 성서를 이루는 말들에 담긴 참된 의미를 헤아리기 위해서는 성서 전체에서 그 말들이 어떻게 쓰이는지 살펴보아야 한다. 우리는 이를 발견해야만 한다. 많은 사람이 성서에 나오는 믿음, 용서, 영광을 자신의 일상에 비추어 이해하다 보니 피상적인 이해에 그치고 만다. 성서가 이 말들을 통해 진실로 무엇을 말하려 하는지 찾으려 노력하는 독자는 매우 적다. 이와 관련해 성서에 등장하는 말 중 가장 오해되는 말은 '사랑'일 것이다. "하느님은 사랑이십니다"(1요한 4:16)라는 유명한 구절을 접하면 사람들은 하느님을 일상에서 경험하는 감정과 만족감의 차원으로 끌어내려 이해하려 하지, 하느님의 타자성과 경외심을 담아낼 수 있도록 사랑이라는 말을 높여야 한다고는 생각하지 않는다.

이제부터 성서에 나오는 말들의 일반적인 의미를 이해하면서도 (필요하다면) 그 말들이 또 다른 의미와 힘을 지닐 수 있음을 인정하면서 "하늘에서 내려오시어"라는 고백과 관련된 성서의 몇몇 구절들과 사건들을 살펴보려 한다. 성서는 자신이 품고 있는 말들의 의미를 상세히 설명하지 않는다. 모든 위대한 예술 작품은 고유한 여백을 지니고 있기 마련이다. 하지만 거기에 더해 성서는 그 특성상 그보다 더 큰 일을 해낸다. 즉, 성서는 말이 있기도 전의 시간을 다룬다. 어둠을

한 줄기 빛이 가른다.

    태초에 하느님이 천지를 창조하셨다. (창세 1:1)

II

앎의 타락에 관한 신화

 창세기를 열면 '하느님'이라는 단어가 별다른 설명 없이 등장한다. 이를 통해 우리는 그분이 '무언가를 창조하는 존재'이며 자신이 창조한 것들을 보고 좋아하는 존재라는 것 정도만 알 수 있을 뿐이다. 마찬가지로 6일 동안의 창조 이야기도 특이하다. 이 이야기는 마치 기하학 문제를 풀듯 정확하고 질서 정연하게 진행된다. 창세기는 '날'Day이라는 말을 쓰는데, 저녁이 되고 아침이 된다고 하니 우리가 아는 '하루'와 다르지 않아 보인다. 하지만 그 속에는 긴 시간이 압축되어 있음이 분명하다. 여기에는 하느님의 시간과 인간의 시간이라는 이중의 관계가 녹아들어 있다. 창세기는 마치 수학

공식과도 같은 주문을 반복한다. 최초의 계산과 최초의 의례가 펼쳐지는 순간이다. "저녁이 되고 아침이 되니, 하루가 지났다", "하느님 보시기에 좋았다"라는 말을 따라 창조의 기하학이 확장된다. 우주가 존재하게 되고, 땅이 생기며, 바다와 모든 피조물이 있게 된다. 하지만 흥미롭게도 이 모든 것을 창조하신 하느님이 정작 어떤 분인지에 대해서는 별다른 설명이 없다.

하느님은 하늘도 창조하신다. 창세기에 따르면 하늘은 땅이라는 공간과 맞닿아 있는 또 다른 공간이다. 하늘과 견주면 땅은 완전함이 시간이라는 제한을 받는 곳이다. 그리고 마침내 인간이 이 땅에 나타난다. 이제 이야기의 시선이 바뀐다. 처음에는 높고 빛나는 곳에서 내려다보던 시선이 땅으로 내려온다. 이렇게 인간의 기원에 관한 위대한 신화가 시작된다. 땅이 있고 그곳은 선하다. 남자와 여자가 있고 그들 역시 선하다.[1] 하느님이 금지 사항을 말씀하시지만 그렇다고 이 선함이 훼손되지는 않는다. 하지만 신화는 바로 이 금지 사항을 통해 인간이 어떻게 타락하게 되었는지를 설명한다.

---

1 어떤 이는 "안개가 올라왔다"(창세 2:6)는 구절을 피조 세계가 한순간 흐려지고 그다음 아담이 둘로 나뉘었다는 식으로 읽기도 한다. 하지만 이 책에서 그런 상상까지 따라갈 생각은 없다. 여기서는 가장 일반적인 해석을 따르려 한다.

인간의 타락을 설명하는 방식은 크게 두 갈래로 나뉜다. 하나는 유대-그리스도교 전통에서 내려오는 설명이고, 다른 하나는 우리가 살면서 마주하게 되는 현실, 우리의 실존에서 출발하는 설명이다. 물론 어떤 설명이든 그 설명이 전제하는 바를 받아들이지 않는 사람은 이를 받아들이지 않을 테지만. 첫 번째 설명은 그리스도교 교회의 교리 전체와 맞닿아 있으며, 그 가르침에서 자연스럽게 도출된 결론이다.

두 번째 설명은 '하느님은 전지전능하시고 자비로우시다'라는 전제와 '인간에게는 자유의지가 있다'라는 전제에서 출발한다. 이러한 맥락에서 존 헨리 뉴먼John Henry Newman은 "창조주가 없든지, 아니면 살아있는 인간 사회가 그분 곁에 있다 추방당했든지 둘 중 하나다"라고 말한 바 있다. 어디선가, 무언가 잘못되었다. 적어도 위에서 언급한 전제들을 받아들인다면 하느님께 잘못이 있을 리 없으니 잘못은 우리에게 있을 수밖에 없다. 하늘이 완전한 상태를 뜻한다면 우리는 그 상태에서 벗어난 존재, (의미심장하게도) '하늘에서 내려온' 존재들이다.

그리스도교 교회는 태초에 인간이 어떤 잘못을 저질렀다는 생각을 고수해 왔지만, 이 재앙과도 같은 일이 무엇인지 정확하게 규정하지는 않았다. 이윽고 그리스도교 세계에서는 이 잘못을 두 번째 잘못으로 보기 시작했다. 최초의 잘못은 '하늘'에서, 우리가 천사라고 부르는 존재들 사이에서 일어났다. 이런 설명을 널리 정착시킨 인물은 존 밀턴John Milton이다. 그는 이러한 생각을 위대한 시로 승화시켰고, 이를 통해 인간 정신이 지닌 무한한 가능성, 특히 하느님께 반항할 가능성에 대한 깊은 통찰을 보여 주었다. 물론 엄밀히 말해 이 기이한 이야기는 밀턴 이전부터 존재했다. 많은 그리스도교인은 그 이전부터 타락한 천사들로부터 자신을 보호해달라고 기도해 왔다. 이 전설이 그리스도교인 사이에서 널리 퍼진 데에는 그럴만한 이유가 있다. 인간의 잘못을 손쉽게 변명할 수 있게 해 주고, 선한 인간이 어떻게, 그리고 왜 선한 하느님에게 맞서 반란을 일으키느냐는 난제에 대한 그럴듯한 해결책이 되었으며, 무엇보다 사람들이 대의명분을 가지고 마음껏 증오하고 두려워할 수 있는 대상을 제공했기 때문이다. 물론 악마가 실제로 있을지도 모른다. 하지만 실재하든 실재하지 않든 인간은 악마를 일종의 면죄부로 활용했다. 때때로 그리스도교인들은 그리스도교 교리가 부정한 선악 이원론을 슬그머니 받아들이는 데 악마를 이용하기도 했다. 그렇게 사람들은 도덕을 따르지도, 하느님께 순종하지도 않는 무언가를 상정하고 이를 못마땅하게 바라보면서 우리가 해야 할 일을 벗어날 구실을 찾았다. 이른바 '열등감'inferiority complex은 '겸손'humility과 다른데, 악마는 열등감의 상징이자 겸손의 반대편에 있는 존재, 열등감과 겸손을 구분하는 경계선 역할을 했다. 이런 악마가 존재하는 한 우리는 언제나 우월한 존재로 있을 수 있게 된다.

그러나 창세기는 이에 관해 아무런 이야기도 하지 않는다("안개만 땅에서 올라와 온 지면을 적셨더라"(창세 2:6)라는 구절을 그런 식으로 해석하는 이들도 있지만 말이다). 창세기 타락 신화에 등장하는 인물은 인간과 땅에서 살아가는 동물들뿐이다(물론 여기에는 깊은 의미가 교묘하게 숨겨져 있다). 그리고 인간과 동물들 사이에는 인간이 그들을 다스린다는 점 외에 별다른 차이가 없어 보인다.

인간의 지적 능력에 대해서도 창세기는 별달리 이야기하지 않는다. 창세기에서 아담의 지성은 그저 먹을 것을 구할 수 있는 능력, 농사를 짓는 능력, 도덕과 비도덕을 가늠하는 능력 정도로 제한되어 있다. 물론 이런 모습 뒤에는 하느님께서 창조하시며 마지막으로 남긴 주문이 있다.

> 우리가 우리의 형상을 따라서, 우리의 모양대로 사람을 만들자. (창세 1:26)

그리고 맨 처음 빛을 창조하셨을 때와 마찬가지로 하느님은 아담을 창조한 뒤 "보시기에 참 좋았다"(창세 1:31)라고 말씀하신다.

창세기는 (가능성으로만 있었을 때도 실제로 일어났을 때도) 타락의 속성을 분명하게 정의한다. "나무의 열매"는 새로운 앎을 가져다준다. 하지만 이는 특정한 앎이며 처음부터 그렇게 의도되었다. 열매를 먹게 되면 단순히 더 많이 알게 되는 게 아니라 이전과는 다른 방식으로 알게 된다. 즉 '선'善만 알던 상태에서 '선과 악' 모두를 알게 되는 상태로 나아가는 것이다 (이를 발전으로 볼 수 있을지는 의문이다). 또한 이는 하느님처럼 알게 된다는 뜻이기도 하다. 이런 종류의 앎은 그 속성상 신적 존재만 지닐 수 있기 때문이다. 이를 인간이 알게 되는 건 필연적으로 재앙이 될 수밖에 없다.

아담은 선만을 알도록 창조되었고, 그러한 상태로 살고 있었다. 인류는 다른 선택지가 있음을 알았고, 그 길을 선택하지 않는 것이 자신들을 창조한 전능자Omnipotence와 관계를 이루는 중요한 부분이라는 사실도 알았다. 이러한 관계 자체가 그들이 누리는 선의 일부였다. 그러나 동시에 그들은 전능자의 앎이 자신들의 앎보다 훨씬 더 크다는 사실 또한 알았다. 어떤 식으로든 그분이 '악'을 알고 계심을 감지했던 것이다.

훗날 토마스 아퀴나스는 하느님께서 모든 가능성을 아시며 그중 무엇이 현실이 될지 결정하실 수 있다고 말한 바 있다. 같은 맥락에서 그는 말했다.

> 하느님께서 악한 것을 알지 못하신다면 선한 것을 완벽히 아신다고 할 수 없다. ... 악은 선이 없는 상태, 혹은 선이 왜곡된 상태로만 이해할 수 있으며 그 자체로는 알 수 없기 때문이다.

아우구스티누스Augustine가 『고백록』Confessiones 7권에서 말했듯 악은 선의 결핍이다. 그래서 악은 선을 통해서만 정의할 수 있고, 이해할 수 있다. 하느님은 지금 있거나 앞으로 있을 모든 것을 보고 아시지만, 존재하지 않고 앞으로도 존재하지 않을 모든 것은 순수한 지성으로 아신다. 즉, 그분은 선이 없는 악이 무엇인지, 하늘 혹은 천국과 정반대인 지옥이 무엇인지를 악과 지옥을 창조하지 않으시고도, 이를 겪지 않으시고도 완벽하게 이해하신다. 인간의 경우 이러한 앎은 불가능하다. 이러한 맥락에서 창조 신화는 바로 이 앎의 불가능성이 불러온 비극이라고도 할 수 있다. 타락을 얼마나 엄숙하게 지적으로 설명하든 실제로 일어난 일은 매우 단순하다.

인류가 오랫동안 악에 젖어 있었기에 오늘날 사람들은 너무나 쉽게 선과 악을 구분한다. 하지만 어떤 면에서 인간은 그때도 나무에서 열매를 따려 하듯 선과 악을 구분하려 했다.

인간은 완전한 선 안에서 일어나는 대립이 무엇인지, 선한 것들이 서로 충돌하면 어떻게 되는지 알고 싶어했다. 온전하고 완전한 우주에 균열이 생기면 어떻게 되는지, 하나였던 것이 둘로 나뉘면 어떻게 되는지 알고 싶어했던 것이다. 하지만 이런 앎은 오직 하느님만 감당하실 수 있다. 그래서 그분은 인간이 이를 알려 하면 파괴될 수밖에 없다고 경고하신다.

> 그것을 먹는 날에는, 너는 반드시 죽는다. (창세 2:17)

그러나 뱀은 교묘하게 이 경고를 매혹적인 약속으로 덮어 버린다.

> 너희의 눈이 밝아지고, 하느님처럼 되어서, 선과 악을 알게 된다. (창세 3:5)

이 약속은 결국 같은 운명을 다르게 표현한 것이다. 인간이

"하느님처럼" 된다는 것은 곧 죽음을 뜻하기 때문이다. 인간은 순수한 지성으로 악을 알 수 없으며 경험으로 알 수밖에 없다. 좀 더 정확히 말하면 선의 반대, 선의 박탈, 점진적인 선의 파괴와 함께 자신의 파괴를 경험할 수밖에 없다.

아담은 원한다면 이러한 앎을 얻을 수 있었고, 결국 그렇게 했다. 서로 다른 의지를 지닌 존재들이 관계를 맺으려면 다른 선택을 할 가능성이 반드시 있어야 한다. 자유의지는 논리로 설명하기 어렵다. 우리의 모든 행동이 원인과 결과로 연결되어 있다면, 과연 진정으로 자유로운 선택이 가능할까? 실제 삶에서 온전한 자유의지를 발휘하는 일은 매우 드물다. 흔히 자유의지를 논의할 때 물 한 잔을 마시거나 마시지 않을 자유 같은 예를 들곤 하지만 이러한 단순한 예로는 자유의지라는 심오한 문제를 제대로 설명할 수 없다. 언젠가 아우구스티누스는 "인간은 의지 외에 아무것도 아니다"라고 했지만, 우리가 진실로 어떤 존재인지 알기란 결코 쉬운 일이 아니다. 의지란 처음부터 완성된 형태로 우리 안에 있지 않다. 우리가 선택하고 노력하면서 만들어가는 것이다. 우리는 선택하기를 선택할 수 있을 뿐이고, 의지를 가지려 하는 의지를 가질 수 있을 뿐이다.

아담에게는 우리보다 더 강한 의지가 있었고, 이를 행사했다. 아담과 하와는 선을 알고 있었다. 그리고 더 나아가 선과 악을 알기를 바랐다. 하지만 악은 (이전에도 이후에도) 실재하지 않았고, 오직 선만이 실재했기에 그들은 결국 선을 다른 방식으로, 적대적으로 보게 되었다. 모든 변화는 앎의 변화에서 일어났다. 그들은 원하는 앎을 얻었다. 얻은 앎을 마음에 들어 하지 않았다고 해서 그들이 앎을 얻었다는 사실 자체가 바뀌지는 않는다.

창세기는 이러한 앎의 변화가 낳은 결과를 보여 준다. 신화에 따르면 애초에 아담과 하와는 벌거벗은 상태로 있었고, 그런 상태를 즐겼다. 그렇게 그들은 선을 누렸다. 그들은 자신의 몸에 만족했고 성이라는 본성을 통해 이루어지는 관계도 부끄럽게 여기지 않았다. 그들은 자유 가운데 솔직했고, 그런 솔직함 속 즐거움 역시 그들이 누린 선의 일부였다. 그들은 자기 모습을 부끄러워하지 않았다. 하지만 이내 그들은 선을 악으로 알려 했고 결국 그렇게 되었다. 이후 아담과 하와는 솔직함을 부끄러움으로 여겼다. 수치심을 느끼게 된 것이다. 전지전능한 하느님은 순수한 솔직함이 사라지면 어떤 일이 일어날지 알고 계셨다. 하지만 그런 일이 실제로 일어나기를 바라지는 않으셨다. 다른 존재들은 이런 앎, 겪지 않고도 알 수 있는 하느님의 특별한 능력을 지닐 수 없다. 인간은 자신의 본성을 따라서만, 즉 겪어야만 알 수 있다. 열매를 먹어 선과 악을 알게 되자 그들은 혼란스러워했다. 그들이 얻은 앎의 본질이 혼란이었기 때문이다.

이렇게 성性은 선에서 악이 되었다. 아담과 하와는 가리개를 만들었다. 다른 누구도 아닌 그들이 스스로 결정한 바였다. 이후 어떤 이들은 이 가리개를 벗어 던지면 선에 대한 단 하나의 단순한 앎을 되찾을 수 있다고 말하기도 한다. 하지만 그런 식으로 회귀하는 건 불가능하다. 아름답지 못한 수치심에서 벗어나기 위해서는 선 안에서 수치심의 새로운 아름다움을 발견해야 한다. 단순히 수치심을 없애는 것이 아니라 이를 통해 더 깊은 무언가를 발견해야 한다. 여기서 우리는 하느님께서 아담에게 가리개가 아닌 옷을 만들어주셨다는 점에 주목해야 한다. 경건한 해석자든 그렇지 않은 해석자든 많은 해석자가 이 이야기의 성적 측면에 주목하는 것과 달리 하느님께서는 성性 문제에 그리 관심을 기울이지 않으시며 그보다 더 깊은 뜻을 보여 주고 계신다.

타락 이야기에서 또 다른 중요한 장면은 동산에서 이루어진 심문이다. 이는 인간 기원을 다룬 신화 중 첫 번째 이야기의 결말에 해당한다. 아담과 하와의 선택으로 인해 그들과 전능자의 관계는 바뀌었다. 그들은 동산에 있으면서도 하느님을 두려워했다. 서로의 모습에 부끄러워하듯 창조주 앞에서도 뒤틀린 겸손함을 보였다. 아담과 하와는 자신들의 모습을 있는 그대로 그분에게 보일 수 없었다. 그리고 심문은 그들의 진짜 모습을 드러낸다. 엄중한 현실이 아담과 하와 앞에 있었고, 그들은 이를 받아들일 수 없었다.

이제 아담과 하와는 악을 안다. 달리 말해 이제 그들은 실재하는 선을 혐오스럽게 여긴다. 어떻게 보면 그들은 그렇게 내몰렸다. 어떤 해석자들은 (선의를 담아) 아담이 하와를 고발하는 것을 두고 그를 비난하기도 한다. 하지만 그에게는 선택의 여지가 없었다. 학교에서든, 이혼 법정에서든 남성은 여성을 보호해야 하며, 때로는 이를 위해 거짓말도 감내해야 한다고 우리는 배웠다(이제는 바뀌었을지도 모르겠다). 하지만 아담은 그런 식으로 진실을 감출 수 있는 상황이 아니었다. 그는 숨어있던 동산의 나무들 사이에서 끌려 나온 상태다. 이제 아담은 새로운 앎의 방식을 통해 수수께끼를 풀었지만, 옛 앎은 그가 진실을 말하게 만든다. 그렇게 그들의 선택으로 인한 결과가 완전히 드러난다. 선과 악을 구분하는 새로운 앎을 얻었지만, 하느님 앞에서는 자신이 원래 알고 있던 진실을 말할 수밖에 없다.

> (너희는) 하느님처럼 되어서, 선과 악을 알게 된다.

정말로 그렇게 되었다. 임신의 고통, 땅의 저주, 삶의 슬픔, 노동의 고됨까지, 모든 것이 대립과 분열로 가득 차 있다. 사랑은 고통이 되고 일은 괴로움이 된다. 이제는 선한 것이 없어져야만 그것이 선한 것이었음을 알 수 있다. 기쁜 일이 지나가야만 그 일이 기쁜 일이었음을 알 수 있다. 아이러니하게도 이제 그들에게 위안이 되는 일, 자비처럼 다가오는 일은 (뱀이 조롱했던) 죽음뿐이다. 적어도 아담과 하와는 이 타락한 상태로 영원히 살지는 않아도 된다. 에덴의 끔찍한 가능성(영원한 타락의 가능성)이 사라진 것이다. 이제 그들은 죽을 수 있게 되었다.

이로써 인간 본성의 모순이 확립되었다. 이제 인간은 선을 알지만, 그 선을 악으로 안다. 이 두 가지 능력은 언제나 그 안에 함께 있을 것이다. 인간의 사랑은 언제나 뒤틀린 사랑과 함께할 것이며 분노, 악의, 질투, 이질적인 욕망이 스며들어 있을 것이다. 명료함과 혼란스러움 모두를 자연스럽게 느낄 것이다. 순수한 기쁨에 반감을 느끼고 그리 달가워하지 않을 것이다.

가인과 아벨 이야기는 이러한 앎의 변화를 명징하게 보여 준다. 하지만 동시에 이 이야기는 새로운 양상도 보여 준다. 태초의 타락 이야기가 주로 인간과 하느님의 관계를 다루었다면 이제는 인간과 인간 사이의 관계로 초점이 바뀐다. 이 다음 세대의 이야기는 인류 자체의 분열을 보여 준다. 현대인들은 이 이야기에서 다른 무엇보다 첫 새끼 양을 제물로 바치는 모습에 거부감을 느끼고 문제로 삼곤 한다. 오늘날 관점에서는 자연스러운 반응이지만 이에 대해서는 명쾌한 답을 제시할 수 없다. 다만 성서는 처음부터 끝까지 우리의 인도주의 감성과는 전혀 다른 차원의 이야기를 하고 있다고 말할 수 있을 뿐이다. 인간은 이미 살인을 저지를 수 있는 존재가 되었고, 피를 흘리는 문제는 피할 수 없게 되었다. 다른 행위는 어떤 식으로든 되돌리거나 보상이 가능하지만 피를 흘리는 일, 즉 죽음은 돌이킬 수 없다. 그렇기에 피를 바치는 일은 가장 중대한 의식이 될 수밖에 없었다. 구약의 여러 의례나 예수께서 십자가에서 죽음을 받아들인 사건의 본질도 바로 여기에 있다. 인간은 자신의 피를 주님께 바치고, 주님은 이를 받아들이신다.

가인은 동물을 죽여 바치는 일에 별다른 문제를 제기하지 않은 것처럼 보인다. 그러나 좀 더 중요한 사실은 그가 자신의 형제를 죽일 수 있다고 여겼다는 것이다. 그렇게 인류 안에서 최초의 균열, 형제에 대한 최초의 배신이 일어났다. 하지만 훨씬 더 중요한 점은 하늘(혹은 영원한 완전)에서 최초로 형제애를 선포했다는 것이다. 가인이 하느님께 "제가 아우를 지키는 사람입니까?"(창세 4:9)라고 묻자, 하느님께서는 말씀하신다.

> 너의 아우의 피가 땅에서 나에게 울부짖는다. 이제 네가 땅에서 저주를 받을 것이다. (창세 4:10-11)

인간관계는 분노와 증오의 원천이 되었고, 그 증오는 더 큰 파괴를 낳는다. 이에 성서는 두 번째 주제(형제애와 공동체)를 시작한다. 태초의 선택이 낳은 저주가 이제 완전히 작동하고 있다. 성서의 위대한 이야기는 이 영속적인 저주라는 위기를 해결할 첫 실마리를 향해 나아간다.

창세기의 첫 번째 이야기, 즉 타락 신화부터 가인과 아벨 이야기까지는 인간 정신에 모순이 들어오는 이야기를 다룬다. 이제 두 번째 이야기는 언약covenant을 다룬다. 첫 번째 이야기는 하느님이 어떤 분인지에 관해 별다른 설명을 제시하지 않았다(적어도 하느님이 직접 자신이 어떤 분인지 말씀하시는 방식으로 묘사되지는 않았다). 물론 에덴동산에서 하느님께서 뱀에게 하신 말씀("여자의 자손은 너의 머리를 상하게 하고, 너는 여자의 자손의 발꿈치를 상하게 할 것이다"(창세 3:15))을 일종의 메시아 예언으로, 아담과 하와에게 가죽옷을 지어 입히신 것을 두고 세심한 섭리를 읽어낼 수 있다.* 그러나 이는 워즈워스의 말을 빌리면 "떠받치는 사상"sustaining thought을 이야기에서 끌어낸 것이다. 워즈워스를 포함한 위대한 작가들은 (그리고 분명 창세기의 저자 역시) 이야기 자체와 이야기를 떠받치는 사상을 신중하게 구분했다. 후자는 이야기보다 더 다양한 해석이 가능하다. 이때까지 창세기 자체는 하느님에 대한 별다른 해석을 시도하지 않았다. 가인이 아벨을 살해하자 인간관계가 파괴될 때 염려하심을 암시하는 정도뿐이었다. 하지만 이제 변화가 일어난다. 이는 표현상으로는 작은 변화일지 모르지만 그 의미는 실로 심대하다.

지금까지 모든 일은 한 줄기 빛 안에서 일어났다. 이 빛 아래 하늘과 땅의 정체성이 드러났고, 인간은 이에 맞섰으며, 아담과 하와는 땅 위를 걸었고 가인은 광야로 도망쳤다. 이제 이 빛이 홍수 위를 비치며 변화한다. 하느님과 인간을 구

---

* 일부 그리스도교 전통에서는 창세기 3장 15절에서 하느님이 뱀에게 내린 저주를 예수 그리스도(여자의 후손)가 사탄(뱀)을 이길 것이라는 최초의 메시아 예언으로 보았다.

분하던 빛이 이제는 무지개처럼 다채로운 빛깔을 띤다. 이에 따라 성서의 문체도 바뀐다. 엄숙했던 분위기가 이제는 다양한 관계로 물결친다. '인간'Man이 '인간들'men이 되었다.

첫 번째 언약은 노아와 이루어졌다. 전능자는 노아에게 과거 아담에게 주셨던 권한을 다시 말씀하심과 동시에 가인에 대한 경고를 더하고 새로운 내용을 덧붙이신다. 하나의 법이 선포된 것이다.

> 각 사람의 형제의 손에서 사람의 생명을 요구하겠다. (창세 9:5)

이는 서로 기쁨을 나누는 관계까지는 아니나, 서로를 책임지는 관계에 대한 선언이다. 이렇게, 비록 온전하지는 않으나 처음으로 인간들이 서로 연결되는 관계의 그물망이 만들어졌다. 물론 이는 하느님과 인간 사이에서 일어나는 완전한 사랑의 교환이라는 궁극적 목표와는 거리가 멀다. 하지만 선을 악으로 경험할 수밖에 없는 혼돈 가운데 최초로 질서가 세워졌다. 이제 모든 인간은 자기 형제의 삶, 그의 생명을 책임져야 한다.

이렇게 전능하신 하느님은 인간을 제한하시면서 동시에

자신도 제한하신다. 하느님께서는 처음으로 자신이 어떤 분이신지 보여 주시면서 자기 자신을 제한하는 분으로 제시하셨다. "살아 숨 쉬는 모든 것들 곧 땅 위에 있는 살과 피를 지닌 모든 것"과 "영원한 언약"(창세 9:16)을 맺으심으로써 그분은 더는 자기 마음대로 행하지 않으시고, 자신의 피조물과 맺은 그 약속 안에 머무르기로, 자신의 행동에 '제한'을 두고 인내하며 기다리기로 하신다. 이러한 인내는 아직 이야기에서 분명하게 드러나지는 않았으나 앞으로 올 무언가를 희미하게나마 암시한다. 그러한 면에서 최초의 언약은 전능한 힘을 지닌 하느님이 이를 새로운 방식(은총이라는 방식)으로 사용하실 것임을 예고하는 첫 번째 신호다.

두 번째 언약은 아브라함과 맺은 언약으로, 이후 이삭 및 야곱과 맺은 언약으로 갱신된다. 이 언약은 바벨탑이 무너진 뒤에 이루어진다. 이 이야기는 인간이 하늘에 도달하기 위해 객관적이고 기술에 바탕을 둔 방법을 쓰는 것의 헛된 모습을 상징적으로 보여 준다. 가리개를 벗어 던지면 모든 일이 해결될 것처럼 생각한 것이다. 이러한 유혹은 늘 반복해 등장하며, 그만큼 인류는 반복해 이 유혹에 휘말린다. 인류는 '이 일만 되면', '저 일만 되면' 거대한 탑을 세울 수 있다고 여기고, 그러면 자신들도 신들처럼 하늘을 걸을 수 있게 될 거라고 여긴다. 마치 특정 신념을 가진 이들이 본인의 신념이 만방에 퍼지면 모든 문제가 해결될 거라고 믿듯 말이다. 물론 그렇다고 아무 일도 하지 말아야 한다는 이야기는 아니다. 아무 일도 하지 않으면 어떤 사건도 일어나지 않는다. 우리의 노력이 결국에는 잘못된 것으로 판명된다 할지라도 그러한 노력 없이는 진리가 우리에게 오지 않는다. 이러한 맥락에서 우리는 필요한 신념과 불필요한 맹신을 구분해야 한다. 이를 구분하는 건 신념을 갖는 것만큼이나 중요하다. 이를 통해 신념은 더 높은 차원으로 올라가고 순수해지기 때문이다. 아무리 중요한 신념도 때로는 '이 신념은 전혀 중요하지 않다'라고 생각할 수 있어야 한다. '내가 이해한 당신도 당신이나, 그게 당신의 전부는 아닙니다'라고 고백할 수 있어야 한다. 물론 이런 생각조차 우리가 지금 처한 상황에서 믿음을 표현하는 여러 길 중 하나일 뿐이다. 이사야, 아퀴나스 역시 하느님에 대한 확신과 의심이 공존하는 역설을 끝까지 붙들지는 못했다. 매우 특별한 순간, 위대한 낭만의 순간(사랑에 빠질 때, 아름다운 시에 감동할 때)에 우리는 그나마 이 신비에 가까이 다가간다. 그때 우리는 이런 일은 결코 일어날 수 없다며 믿지 못하면서도 동시에 분명 그 일이 일어났다는 기쁨에 잠겨있는 자신의 모습을 발견한다.

우리가 하늘로 올라가는 길을 준비하면 하늘은 다른 길로 내려온다. 우리가 제물을 준비하면 불은 다른 제단에 붙는다. 가인은 이를 보았다. 하지만 자신이 제물을 바치는 참된 목적은 자기 형제가 바친 제물을 하느님께서 받아들이게 하는 데 있음을 깨닫지는 못했다.

바벨탑이 무너진 후 땅에서 살아가는 민족들은 서로 다른 말과 풍습을 갖게 되었다. 마치 하느님께서 노아와 맺은 언약의 상징인 무지개처럼 다양한 색을 지니게 된 것이다. 이 언약에서 새로운 질서, 구원과 관련된 첫 번째 커다란 약속이 등장한다. 이 공식 혹은 약속은 처음에는 이스라엘 민족에게 적용되었지만, 훗날 새로운 언약의 공동체인 교회에도 적용된다.

> 너에게 복을 주겠다. ... 너는 복의 근원이 될 것이다. ... 땅에 사는 모든 민족이 너로 말미암아 복을 받을 것이다. (창세 12:1-3)

모든 구원의 길이 그러하듯, 이스라엘은 독특한 이중성을 지녔다. 그들은 특별히 선택받은 백성이면서도 모든 민족을 품어야 했고, 할례라는 특별한 표징을 지닌 구별된 백성이면서도 그들을 통해 온 인류가 구원받아야 했다. 언약이 반복될 때도 이 이중성은 유지되었다. 마침내 진정한 의미에서의 계약이 수립되었다. 노아와 맺은 언약이 하느님의 일방적인 약속이었다면, 이제 하느님은 축복을 약속하시고, 이스라엘 민족은 할례라는 구체적인 표징을 통해 이 계약에 참여한다.

인간관계에서 서로가 서로에게 책임을 지는 것, 즉 형제애만으로는 부족했다. 인류에게는 하느님을 예배하는 특별한 방식, 의도적이고 형식을 갖춘 예식이 필요했다. 이 표징은 배타적이지만, 그 효과는 모두에게 미친다. 할례를 받지 않은 남자는 선택받은 백성에 속하지 않는다("할례를 받지 않은 남자 곧 포피를 베지 않은 남자는 나의 언약을 깨뜨린 자이니, 그는 나의 백성에게서 끊어진다"(창세 17:14)). 하지만 이 배타성은 궁극적으로 포괄을 위한 것이다. 이를 통해 땅에서 살아가는 모든 사람이 다시 한번 복을 받게 될 것이기 때문이다("땅에 사는 모든 민족이 너로 말미암아 복을 받을 것이다"(창세 12:3)). 타락 이야기에서 치명적인 열매를 먹었던 바로 그 인간의 몸에 이제는 신비로운 축복의 약속이 새겨진다.

나의 언약이 너희 몸에 영원한 언약으로 새겨질 것이다. (창세 17:13)

이 선언은 대대로 이어졌다. 한 사람을 통해 모든 사람이 복을 받으리라는 약속도 마찬가지다.

이 이야기에서 우리는 특별히 두 가지를 주목해야 한다. 첫 번째는 하느님이 인간의 모습으로 나타나시는 장면들이다. 이때 하느님은 영원히 그런 모습으로 계시지 않으며 잠시 그런 모습으로 나타나실 뿐이다. 이는 무한하신 분께서 특별히 자신을 유한한 인간의 모습으로 낮추신 매우 드문 순간들이다. 그래서 이 순간들은 더 각별한 의미를 지닐 수 있다. 창세기에 등장하는 하느님은 초자연적인 인간이 아니다. 오히려 때때로 초자연적인 인간처럼 나타나는, 인간과는 전혀 다른 존재다. 인간과는 전혀 다른 무언가가 잠시 인간처럼 활동하시는 것이다. 그렇기에 그분은 잠시 나타나셨다가 홀연히 사라지신다.

> 주님께서는 ... 즉시 자신의 길로 가시고, 아브라함도 자기가 사는 곳으로 돌아갔다. (창세 18:33)

두 번째로 주목해야 할 부분은 문체의 변화다. 지금까지 이야기에서 하느님께서 인간처럼 나타나신 장면 중 가장 인상적인 장면은 소돔을 두고 그분이 아브라함과 대화를 나누시는 장면이다. 그전까지 인간과 전능자 사이에서 일어난 대화는 대부분 일방적이었다. 하지만 이제 새로운 변화가 일어난다. 대화가 진정한 의미에서 대화가 된 것이다. 그때까지 주님은 엄격하시고 멀리 있는 분으로 보이나 이 대화에서는 따뜻함이 느껴진다. 비록 소돔의 멸망이라는 끔찍한 주제를 다루고 있지만, 하느님과 아브라함이 대화를 나누는 장면 그 자체만 보면 마치 자상하게 미소 지으며 자식과 이야기를 나누는 아버지가 떠오를 정도다. 전에는 하느님이 일방적으로 약속하셨지만 이제는 인간이 응답할 수 있게 되었다. 이로 인해 약속도 더 깊고 풍성한 의미를 지니게 된다. 그리고 이 지점에서 진정한 기도가 시작된다.

인간의 여느 행동처럼 기도 역시 본래는 기쁨의 도구였다. 하지만 타락 이후 선을 악으로 알 수밖에 없는 상태에서는 이러한 기쁨을 되찾기가 쉽지 않다. 우리는 흔히 '무언가를 얻기 위해' 기도한다고 생각한다. 하지만 때로는 그 무언가를 구하는 것이 하느님과 대화를 나누기 위한 구실일 수 있다. 사랑하는 사람과 이야기를 나눌 때, 때로 무슨 내용을 이야기하는지보다 함께 이야기를 나누는 그 시간 자체가 중요하듯 말이다. 소돔을 위해 아브라함이 드리는 중보기도가 그렇다. 그는 마치 춤을 추듯 나아갔다가 물러났다 다시 나아가며 기도한다. 한쪽에서는 소돔과 고모라를 향해 천둥이 으르렁대지만, 다른 쪽에서는 장막 위로 부드러운 속삭임이 들린다. 그리고 마침내 "주님께서는" "자신의 길로" 가셨다.

이제 이야기는 역사처럼 들리기 시작한다. 비록 이 이야기가 실제 역사의 시작인지 아닌지는 확실치 않지만, 이야기의 문체는 장엄한 빛을 발한다. 이후 창세기 이야기들은 우리가 잘 아는 민족들과 익숙한 직책을 가진 이들을 중심으로 펼쳐진다. 왕과 현자, 사제와 예언자, 상인과 군대, 부자와 노예가 이 땅에서 살아간다. 인간 삶의 모든 영역, 모든 경험, 모든 이야기가 주님과 관계를 맺게 된다. 야곱이 라헬을 사랑한 이야기, 리브가가 야곱을 사랑한 이야기처럼 개인의 깊은 감정을 다룬 이야기도 등장한다. 어떤 존재가 야곱과 씨름한 이야기처럼 하느님께서 신비롭게 출현하는 장면도 등장한다. 선택받은 백성이 지닌 독특한 이중성도 계속된다. 그들은 선택받았지만 이는 다른 모든 민족을 위한 선택이다. 비록 다른 민족들은 이스라엘 백성을 알지 못하지만 이스라엘 백성을 통해 복을 받게 될 것이다.

하지만 동시에 땅에는 다른 변화도 일어난다. 가인이 최초로 보인 불경함이 확산한 것이다. 인류가 여러 민족으로 나뉘면서 서로를 미워하는 일도 늘어난다. 서로가 서로를 책임져야 한다는 법칙이 이제는 개인과 개인 사이에서뿐만 아니라 민족과 민족 사이에서도 무너진다. 처음에는 요셉의 형제들이 요셉을 미워해 팔아넘긴 일이 이스라엘 백성 전체가 이집트에서 노예가 되는 일로 확산한다. 불경함이 사회 전체에 퍼지고, 강자가 약자를 억압하는 일이 당연하게 여겨진다.

특히 '선택받은 백성', 즉 다른 민족에게 복을 전해야 할 이들이 이런 고통을 겪는다. 이처럼 악이 선처럼 보이는 상황 가운데 하느님께서는 이 고통받는 백성을 통해 자신이 어떤 분인지를 더 분명히 드러내신다. 위대한 형이상학적 선언이 최초로 울려 퍼진다.

> 나는 곧 스스로 있는 자다. (출애 3:14)

시인이자 철학자인 콜리지Samuel Taylor Coleridge는 이 구절을 "나는 나라는 존재 안에 있다"로 이해해야 한다고 말했다. 하지만 이러한 의미는 하느님께서 모세에게 이스라엘 백성에게 전하라며 하신 말씀에도 충분히 담겨 있다.

> 스스로 있는 자가 자신을 너희에게 보내셨다. (출애 3:14)

무지개의 다양한 색이 다시 한번 하나의 빛으로 모인다. 하느님은 창조주이실 뿐 아니라 스스로 존재하는 분이다. 이 완전한 자존성의 소리가 성서 전체를 관통한다. "나는 주Lord다"라는 선언이 하늘에서 이 땅 곳곳에 울려 퍼진다.

하느님께서 자신을 "스스로 있는 자"라고 선언하신 뒤 가장 먼저 하신 일은 선택받은 백성의 해방이었다. 그분은 이 해방의 과정에서 자신이 누구인지 보여 주신다. 이로써 그리스도교 역사에서 단 한 번도 사라지지 않았던 중요한 전망과 전통이 시작된다. 바로 혁명revolution이다. 이집트 해방 이야기는 믿기 어려울 수 있고, 의심스러울 수도 있다. 이집트 땅을 덮친 재앙들, 하느님이 파라오의 마음을 완고하게 하셨다는 이야기, 메뚜기와 개구리 떼, 피로 물든 나일강, 이 재앙과 기적들은 실제 사건을 더 인상적으로 전하기 위해 덧붙여진 문학적 표현일 수 있다. 하지만 이집트의 모든 집에서 첫째 아들들이 죽어 거리에 시신이 가득할 때까지 백성을 놓아주느니 차라리 모든 고통을 감수하겠다는 파라오의 대답은 전형적인 권력자들의 모습을 보여 준다. 이 광경은 오랫동안 사람들의 기억에 남았으며 권력자의 고집이 가져올 수 있는 끔찍한 결과를 보여 주는 상징이 되었다. 죽음의 밤, 이집트의 모든 희망이 사라지고 후계자들이 죽어 누워있을 때, 마침내 억압받던 이들이 자유를 얻는다. 빼앗기고 버림받았던 이들이 온 땅을 가로질러 움직이기 시작한다.

이 이야기를 단순한 신화로 여기며 부정하더라도 그 전망과 의미는 여전히 살아있다. 위대한 행렬이 펼쳐진다. 노예들이 자신들을 부렸던 이들의 보석으로 치장하고, 예언자와 사제와 여인의 인도 아래 행진한다. 이집트를 심판하고 이스라엘 백성을 해방한 권능의 하느님께서 보내신 불기둥과 구름기둥을 따라 그들은 전진한다.

나는 곧 스스로 있는 자다.
나는 주다.

무리 앞에서 만물을 이끄는 힘이 깃든 하늘이, 피조물 안에서와 너머에서 하느님께서 자신이 누구인지 선포하시는 단 하나의 소리를 내는 하늘이, 만물의 근원이 되는 선의 목소리가 울려 퍼지는 하늘이 나아간다. 드디어 이스라엘 백성이 이집트에서 쏟아져 나온다. 바다가 갈라져 그들이 지나가게 한다. 자연마저 그들의 탈출을 돕는다.

너는 왜 부르짖느냐? 너는 이스라엘 자손에게 명하여, 앞으

로 나아가게 하여라. (출애 14:15)

이로써 교환의 법칙law of exchange이 실현된다. 한 생명이 다른 생명을 살리고, 인간의 힘으로는 막을 수 없는 약속이 이루어진다. 악으로만 보였던 선이 다시 선으로 드러난다.

> 내가 파라오와 그의 병거와 기병들을 물리치고서 나의 영광을 드러낼 때에, 이집트 사람은 비로소 내가 주님임을 알게 될 것이다. (출애 14:18)

홍해 사건은 억압받는 이들의 해방에 대한 보편적인 상징이다. 주님의 천사와 하늘의 구름이 이스라엘 백성과 이집트 군대 사이에 서서 두 무리를 가른다. 그렇게 선을 선으로 알게 된 이들, 하느님의 힘을 믿는 이들과 선을 악으로 여기는 이들, 권력을 믿는 이들이 갈라진다. 바다가 갈라지고 다시 합쳐지면서 포효하는 소리가 들린다. 아침이 되자 파라오의 병거들과 군사들의 시신이 해변에 떠오르고, 이스라엘의 여인들은 작은 북을 치며 노래하고 억압자들, 부유한 이들의 몰락을 조롱한다. 그 곁에서 자유를 얻은 백성이 환호하며 하느님의 구원을 찬미한다.

III

용서의 신비와 허영의 역설

　예언서들을 살펴보기 전에 구약의 책 하나를 더 살펴보겠다. 구약에는 신화와 역사를 다룬 책들, 시와 예언을 다룬 책들 사이, 그 중심에 욥기가 있다. 성서가 널리 사랑받는 만큼 이 작품 역시 인기가 많다. 욥기는 실로 놀라운 작품이다. 많은 사람은 이 책이 우연히 성서에 포함되었다고 생각한다. 욥기의 저자도 자신의 작품이 성서의 다른 책들과 성서로 엮여 있다는 걸 알면 놀라고 부끄러워할 거라면서 말이다. 또한 사람들은 욥기의 마지막 장에서 작가가 행복한 결말을 제시한 것을 두고 셰익스피어William Shakespeare가 작품 끝을 급하게 결혼으로 마무리한 것처럼 어색하다고 여긴다.

누군가는 비난할지도 모르겠지만 나는 욥기를 영문학 전통 위에서 읽을 수 있다고 생각한다(성서학자들은 이런 해석을 비난할 것이고, 성서학자가 아닌 비전문가들은 이상하게 생각할 것이다). 욥기의 마지막 장에서 저자는 성서에 매우 중요한 한 가지, 바로 인간이 하느님에게 질문을 던질 수 있다는 관점을 더했다. 이 관점은 욥기의 다른 부분들, 성서의 다른 책들에서도 암시되어 있지만 루가복음서(누가복음)에 나오는 ("나는 남자를 알지 못하는데, 어떻게 이런 일이 있겠습니까?"(루가 1:34)라고 물었던) 마리아를 제외하고는 어디에서도 이런 관점이 분명하게 드러나지 않는다. 이 관점 덕분에 그리스도교는 바울의 이야기에 잘못 이끌리지 않을 수 있었다. 로마인들에게 보낸 편지에서 그는 말했다.

> 오, 사람아, 그대가 무엇이기에 하느님께 감히 따지고 드는 것입니까? 만들어진 물건이 만드신 분에게 "어찌하여 나를 이렇게 만들었습니까?" 하고 말할 수 있습니까? 토기장이에게, 흙 한 덩이를 둘로 나누어서, 하나는 귀한 데 쓸 그릇을 만들고, 하나는 천한 데 쓸 그릇을 만들 권리가 없겠습니까?
>
> (로마 9:20-21)

피조물인 인간이 어떻게 감히 창조주인 하느님께 질문할 수 있느냐는 뜻이다. 이 은유는 겉으로 보기에는 설득력이 있어 보여도 실제로는 핵심을 놓친 것이다. 바울의 은유는 마치 교회를 단순한 모임이나 당파에 견주는 것과 비슷하다. 우파도, 좌파도, 중도파도 교회처럼 구원의 유일한 길을 알고 있다고 주장하지는 않는다. 그와 마찬가지로 인간을 진흙에 빗대는 건 적절하지 않다.

진흙은 토기장이가 이해할 수 있는 목소리로 질문을 던질 수 없다. 진흙이 실제로 토기장이와 대화할 수 있다면, 그때 비로소 진흙은 인간의 은유가 될 수 있다. 물론 여기서 바울을 비판하려는 마음은 없다. 그는 깊은 영적 고민 가운데 이런 말을 했고, 어떤 도덕적 교훈을 던지려 하지는 않았기 때문이다. 하지만 문제는 그 이후에 생겼다. 너무 많은 '신실한' 사람이 이 구절을 인용하며 우리처럼 보잘것없는 존재는 하느님께 질문을 던져서는 안 된다고 이야기했다. 이는 하느님에 대한 사랑을 핑계 삼아, 혹은 단순한 게으름 때문에 하느님께 질문하기를 회피하는 것이다. 욥기는 그런 잘못된 겸손을 바로잡고 우리가 질문을 던지고 이해하려 노력하도록 창조된 존재임을 분명하게 알려준다. 우리의 작은 이성은 결코 침묵하라고 받은 것이 아니다. 우리는 하느님께 질문하고, 이해하려 애쓰도록 창조된 존재다. 하느님, 그리고 그분이 펼치시는 활동에 깊은 관심을 기울이는 것은 신앙의 일부다. 인간은 하느님과 진지하게 대화할 수 있고, 때로는 논쟁도 할 수 있다.

욥기에 대한 우리의 해석 중에는 이상한 해석이 하나 있다(꼭 이런 일이 성서를 읽을 때만 일어나는 건 아니지만 말이다). 바로 욥을 인내하는 사람으로 보는 해석이다. 실제로 욥기를 보면 욥은 전혀 인내하지 않는다. 그는 "차라리 하느님을 저주"(욥기 2:9)하라는 아내를 한 번 꾸짖은 것을 제외하고는 시종일관 하느님에게 무언가를 요구하고 그분을 끊임없이 비난한다. 이런 말들은 분명 지적이고 재치 있지만 인내에서 우러나오는 말들은 아니며 오히려 조급함에서 나온 말들에 가깝다. 욥의 친구들도 바로 욥의 이런 조급함을 부끄럽게 여겼다.

욥기에 따르면 욥은 이 세상에서 가장 고귀한 자였으며 하늘에서도 그의 의로움을 상찬했다. 그는 하느님만 섬긴 것이 아니라 다른 이들을 위해 중보하기도 했다. 그런 면에서 욥이 겪은 비극은 (비록 당시 사람들은 이를 알지 못했지만) 아리스토텔레스의 비극론에도 부합했다. 그런데 이런 사람이 영원한 하느님을 향해 비난을 퍼부음으로써 그리스 비극의 형식과 유대교 신앙의 경건 모두를 망가뜨린다. 욥은 단지 자신이 겪은 일 때문에 하느님을 원망하지 않았다. 그는 하느님께서 인류를 다루시는 방식 자체를 고발했다.

욥기에 대해서는 이미 수많은 분석이 이루어졌고, 와닿는 분석이 없다면 그냥 책 전체를 읽어보면 된다. 여기서 주목할 점은 그가 무척이나 신랄하게 하느님을 비난한다는 사실이다.

> 그분께서는 죄 없는 자의 시련을 비웃으시리라. (욥기 9:23)
> 사악한 자의 계략 위에 빛을 비추어 주시는 것이 당신께 선한 일입니까? (욥기 10:3)
> 그분은 믿을 만한 자들의 말을 제거하시고 늙은 자들의 명철을 빼앗으신다. (욥기 12:20)

두 번째로 주목할 점은 욥이 일종의 평등을 요구한다는 것이다.

> 그분이 그의 채찍을 거두시고 그의 두려움으로 나를 겁주지 않으신다면, 그때는 내가 두려움 없이 말하겠다. (욥기 9:34)
> 아, 그분이 계신 곳을 알 수만 있다면, 그분의 보좌까지 내

가 이를 수만 있다면, 그분 앞에서 내 사정을 아뢰런만, 내
가 정당함을 입이 닳도록 변론하런만. (욥기 23:3-4)
이제는, 전능하신 분께서 말씀하시는 대답을 듣고 싶다. (욥
기 31:35)

욥은 하느님이 절대자로서 권위를 내려놓고 자신과 같은 위치에서 대화를 나누기를 요구한다. 그렇지 않으면 진정한 대화는 불가능하기 때문이다. 그는 하느님이 자신의 질문에 응하셔야 하나 그러지 않고 있다며 비판한다. 그분은 "늙은 자들의 명철을 빼앗으"실 뿐이다.

욥이 적나라하게 분노를 쏟아내고 잠시 정적이 흐른다. 그리고 이내 이 정적을 깨고 폭풍이, 분노에 찬 응답이 휘몰아친다. 논쟁을 벌이던 사람들 주변의 공기 속 깊은 곳에서 무언가 바깥으로 터져 나온다. 공기 자체가 뒤틀리며 회오리바람이 된다. 이는 여느 문학 작품에서는 보기 드문 장면이지만 장엄한 효과를 낸다. 마치 『신곡』 연옥편 마지막에서 단테가 지상 낙원에 도착했을 때 보았듯 빛이 공기를 뚫고 들어오는 것이 아니라 공기 중에 솟아나 퍼지는 듯하다. 평범한 세계를 드리우던 창조의 장막이 걷히고, 장막에 새겨진 심상들은 하느님의 부름 가운데 생명을 얻어 두 배로 강력해

진다. 주님은 자신의 손을 거두거나 본성을 바꾸기를 완강하게 거부하신다. 그분의 말씀은 인간의 이성으로 헤아릴 수 없다. 하느님은 어떤 합리적인 설명도 욥에게 제시하지 않으신다. 하지만 가장 중요한 사실은 그분이 응답하셨다는 것이다. 비록 비난의 형태를 띠고 있기는 하나 욥의 요구를 받아들이셨다. 욥을 향한 하느님의 조롱조차 하나의 응답이다. 이때 하느님은 어떤 새로운 내용도 이야기하지 않으신다. 욥을 향해 하느님이 하신 말은 그 전에 이미 욥이 했던 말이다.

> 네가 플레이아데스 별무리의 감미로운 영향력을 묶거나 오리온 별자리의 띠들을 풀 수 있느냐? 네가 마자롯을 그것의 철에 이끌어 낼 수 있느냐? 혹은 네가 악투루스 별을 그것의 아들들과 함께 인도할 수 있느냐? (욥기 38:31-32)

마자롯을 빼면 주님은 여기서 욥의 말을 그대로 따라 하고 계신다. 이미 욥은 하느님에 대해 이렇게 말한 바 있다.

> (그분은) 악투루스 별과 오리온 별자리와 플레이아데스 별무리와 남쪽의 방들을 만드신 분이시다. (욥기 9:9)

이 이야기가 가진 진정한 힘은 하느님께서 침묵하지 않으시고 응답하셨다는 사실 그 자체에 있다. 하느님은 욥에게만 응답하신 것이 아니다. 정통을 옹호하며 욥이 죄인이라고 확신했던 세 친구도 그에 걸맞은 대가를 받는다.

> 너희는 내 종 욥과 같이 나에 대하여 올바로 말하지 아니하였다. (욥기 42:7)

욥은 친구들을 위해 제사를 드리고 기도한다. 하느님은 욥의 친구들에게 말씀하신다.

> (너희가) 어리석게 말하였지만, 내가 그대로 갚지는 않을 것이다. (욥기 42:8)

이제 하느님께 그분이 무엇을 하시는지, 그분께서 하시는 활동의 의미가 무엇인지 질문해서는 안 된다는 생각은 핑계가 되지 못한다. 오히려 주님께서는 당신의 백성이 설명을 요구하기를 바라신다. 그들이 그분의 설명을 이해할 수 있는지, 그분의 응답을 좋아하는지는 또 다른 문제다. 이제 그들은 하느님에게 질문을 던져야만 한다. 그리고 던질 것이다. 겸손은 질문을 던지지 않는 것이 아니다. 질문은 우리의 지성과 인간됨을 깎아내리지 않는다. 오히려 더 지혜롭게, 더 온전한 인간으로 만든다.

> 욥이 자기 친구들을 위하여 기도할 때에 주님께서는 욥의 포로 된 것을 돌이키시고 욥에게 그가 전에 소유했던 것의 두 배를 주셨다. (욥기 42:10)

이처럼 타인을 위한 기도는 전환점이 된다. 바로 이렇게 하느님과 교류가 이루어진 순간 욥은 고통에서 벗어났다. 그리고 욥을 이런 순간으로 이끈 건 하느님에게 철학적 답을 들으려는 조급한 마음, 분노에 찬 호기심이었다.

이러한 철학적 호기심은 신약성서까지 이어진다. 예수의 잉태를 알리는 장면을 보라. 마리아는 천사가 선언하자 질문을 던진다.

> 어떻게 이런 일이 있겠습니까? (루가 1:34)

심지어 하늘의 천사들과 관련해서도 이런 구절이 있다.

그 일들은 천사들도 살펴보기를 갈망하는 것입니다. (1베드 1:12)

욥기의 회오리바람은 또 다른 하늘의 계시(시나이 산(시내산)의 어둠과 불)와 연결된다. 성서에서 시나이 산은 신화 같은 이야기가 끝나는 지점이자 율법이 시작되는 지점이다. 모세는 신화 같은 이야기 속 인물로 산에 올랐다가 도덕을 가르치는 스승으로 내려온다. 두 시기 모두에 걸쳐 그는 지도자지만 여기에는 일정한 차이가 있다. 그가 시나이 산에 올라 만난 하느님과 시나이 산에서 내려와 만난 백성이 다르듯 말이다. 이스라엘 백성의 이상은 질서정연한 하느님의 군대지만 현실은 무질서한 군중에 불과하다. 모세가 산에 있는 동안 바로 이 백성의 민낯이 드러났다. 이스라엘 백성은 불안정한 사람들과 불안정한 집단들의 집합체였고 바람에 흔들리는 갈대처럼 이리저리 흔들렸다. 이스라엘 역사에서 이 같은 모습은 계속해서 반복되었다.[1] "주님께서 뜻을 돌이키셨다"라는 표현이 구약성서에 자주 등장하는 건 바로 이 때문이다.

---

1 이스라엘의 이야기를 자주 다루는 책이라면 유대인에게 미안하다는 말을 하지 않을 수 없다. 다른 문화권 사람들이 조상에 대해 편히 이야기하는 걸 즐길 사람은 없다. 그런 점에서 이런 사과도 어색함을 완전히 덜어낼 수는 없다. 설령 그게 피할 수 없는 일이라 해도 말이다.

논리상 이 표현은 전능하신 하느님께서 어떻게 뜻을 바꾸시냐는 측면에서 말이 안 되는 것처럼 보이나 깊은 진리를 담고 있다. 이는 하느님께서 아브라함과 나누셨던 대화의 연장이다. 아브라함에게 주셨던 응답과 약속을 하느님께서는 이어가신다. 그리고 이 표현은 더 깊은 의미를 지닌 무언가, 아직 도래하지 않은 무언가를 예고한다. 최초의 언약에서 보여 주신 하느님의 자기 제한은 훗날 동방에서 오실 메시아가 보여 주는 겸손한 순종으로 완성될 것이다. 전능자께서는 스스로 뜻을 돌이키시고 자신을 가장 낮은 자리에 두실 것이다.

주님께서 뜻을 돌이키셨다.

땅에서 이스라엘 백성이 무질서한 군중이 되는 동안, 산에서 하느님께서는 참된 이스라엘 백성의 이상을 밝히 드러내셨다. 그들이 시나이 산에 도착했을 때 하느님께서는 이스라엘의 구원이 무엇인지 분명히 정의하셨다.

너희의 나라는 나를 섬기는 제사장 나라가 되고, 너희는 거룩한 민족이 될 것이다. (출애 19:6)

모든 (백성, 민족, 도시, 집단, 온갖 크고 작은 공동체의) 구성원이 서로에게 제사장이 되는 세계, 서로가 서로에게 거룩함을 전달하고 나누는 중보자들의 세계, 일상적인 일들만큼이나 의례들이 자연스러운 세계, 기쁨으로 인해 평범한 순간도 특별하게 느껴지고 특별한 순간도 편안하게 느껴지는 세계라는 원대한 꿈이 제시되었다.

이런 제사장 나라는 율법을 통해 이루어질 수 있다. 이때 율법은 갈라진 앎을 하나로 모으고, 인간의 본성 속 모순을 없애며, 선의 본질을 다시 제대로 볼 수 있게 한다. 사람들은 스스로 있는 분(그리고 사실상 생명 그 자체)을 악한 방식으로 경험했지만, 그분은 당신이 택하신 사람 누구에게나 자신을 선한 이, 오직 선한 이로(마찬가지로 생명도 선한 것으로) 알릴 거라 맹세하셨다. 이를 위한 첫 번째 걸음은 혼돈 속에서 새로운 질서, 단순한 사회 제도를 넘어선 질서를 세우는 것이었다. 이 질서에서는 인간에 대해 경건한 마음을 갖는 것과 하늘의 심오한 신비를 경배하는 것 모두가 똑같이 중요하다.

후대 예언자들은 율법과 언약을 지켰다. 그들은 하느님과 인간이 맺은 계약의 수호자로서 하느님과 백성의 관계를 보존하고 스스로 계신 분이 빚어내시는 영광에 대한 전망 역시 보존했다. 영어를 쓰는 이들에게 '영광'glory이라는 말은 그저 희미한 빛을 뜻할 뿐이다. 하지만 이 빛은 정교한 질서를 갖고 있어야 하며, 그 빛이 발하는 현상은 마치 기하학을 따르듯 정확한 구조를 이루어야 한다. 그렇다면 영광스러운 하늘은 어떤 그물망을 이루고 있을까?

지금까지 살핀 바에 따르면 몇 가지 특징을 알아볼 수 있다. 하늘은 선을 다시 감지하게 하고, 선을 언제나, 어디서나 선으로 받아들이게 하며, 권력을 성찰하고 하느님의 힘을 이 땅에서 반영하게 하며, 지성을 작동시키며, 서로 교류하는 것의 중요성을 깨닫게 하고, 생명의 중심, 즉 하느님과 기꺼이 관계를 맺게 한다.

이 모든 것은 선과 기쁨에 대한 앎이다. (물론 이를 포함하기는 하나) 단순히 머리로 받아들이는 지식이 아니라 우리 존재의 모든 능력을 통해 받아들이게 되는 앎이다. (공간으로서의 의미를 제외하면) 하늘은 이때까지 단순히 하느님을 보여 주는 것 이상의 무언가가 아니었다. 처음에는 빛이 새어 나오는 틈새였다가, 그다음에는 하느님의 선한 뜻을 여러 색으로 보여 주는 프리즘이 되었으며, 그다음에는 하느님의 형이상학적 선언을 발하는 빛이 되었다. 시나이 산에서 저 영광이, 존재 자체가 자기 밖으로 뿜어내는 빛이 나타났다. 바위틈에 있던 모세는 영광을 보게 해달라고 간청하고 그 영광이 지나가는 모습을 본다.

> 내가 내 모든 선함을 네 앞에 지나가게 하리라. ... 너는 내 얼굴은 보지 못한다. 나를 보고 살 자는 없기 때문이다. (출애 33:19)

영광은 하느님의 선이었다. 하지만 그 선조차 하느님 자신은 아니었다.

모세는 하느님의 영광을 그저 보았다. 하지만 이사야와 에제키엘(에스겔)은 그 이상을 본다. 이사야서 6장과 에제키엘서 1장에서, 분화되지 않았던 시나이 산의 영광은 빛나는 생명체들의 복잡한 세계로 펼쳐진다. 욥기에서 땅의 괴물들이 나오듯 예언서에는 하늘의 괴물들이 나온다.

> 그분 위로는 스랍들이 서 있었는데, 스랍들은 저마다 날개를 여섯 가지고 있었다. 둘로는 얼굴을 가리고, 둘로는 발을 가리고, 나머지 둘로는 날고 있었다. (이사 6:2)
>
> 살아있는 피조물들의 모습은 마치 타오르는 숯불 같고 등불 모양 같기도 했다. 그불은 그 살아있는 피조물들 가운데서 오르락내리락하였는데 그 불은 밝으며 그 불에서부터 번개

가 나왔다. 또 그 살아있는 창조물들이 달려갔다 돌아오는 것은 마치 번개가 번쩍이며 나타나는 것 같았다. … 그 바퀴들의 외모와 구조는 녹주석 색깔을 띤 것 같았다. 네 바퀴 모습은 모두 같았으며 그 구조는 마치 한 바퀴의 한가운데에 다른 바퀴가 있는 것 같았다. (에제 1:13-16)

그 바퀴의 둘레는 모두 높고, 보기에도 무서우며, 그 네 둘레로 돌아가면서, 눈이 가득했다. (에제 1:18)

그 생물들의 머리 위에는 창공 모양의 덮개와 같은 것이 있는데, 수정과 같은 빛을 내서, 보기에 심히 두려웠으며, 그 생물들의 머리 위에 펼쳐져 있었다. (에제 1:22)

많은 이는 바퀴들과 눈, 바퀴들 속의 영, 그들이 들려 올라가는 모습에 관한 이야기를 보고 허황하다고 여기거나 농담의 소재로 삼곤 한다. 그러나 이 이야기는 생명체들의 흐름을 보여 주는 일종의 신화다. 플라톤은 "신은 언제나 기하학으로 일한다"고 말했는데, 히브리 예언자들도 같은 생각을 했다. 하지만 이 이야기에는 무언가가 더 있다. 저 생물들 위에는 보좌처럼 보이는 것이 있고, 그 보좌 위에는 "인간의 모습과 비슷한 형상이"(에제 1:26) 있다. 그 주위에는 옛 언약을 가리키는 무지개 모양의 빛이 난다. 인간의 모습과 비슷한 형상의 허리 모양의 위쪽은 불 속에 있는 듯한 호박색 같고, 아래쪽은 불의 모습 같다. 화자는 말한다.

> 비오는 날 구름에 있는 무지개처럼 사방으로 빛이 났다. 그것은 주님의 영광이 나타난 모양과 같았다. 그 모습을 보고, 나는 얼굴을 땅에 대고 엎드렸다. 그때 말씀하시는 이의 음성을 내가 들었다. 그가 나에게 말씀하셨다. "사람의 아들아, 네 발로 일어서라. 내가 네게 말하리라." (에제 1:28-29)

과거 무지갯빛은 언약의 증거였다. 이제 다양한 색의 빛들은 하늘의 정교한 질서 위에 계신 분을 둘러싸고 있다. 저자는 그분에 대한 직접적인 의인화를 피한다. 시종일관 "모습과 비슷한", "모양의", "...같고"라는 은유와 비유를 쓰는데 이처럼 철저하게 의인화를 피하는 모습을 다른 곳에서는 좀처럼 찾아보기 힘들다. 물론 인간에게 의미가 있으려면 어떤 식으로든 인간이 이해할 수 있는 방식으로 표현되어야 한다. 에제키엘이 본 바퀴든, 현대 사상가들의 추상적인 개념이든, 과학자들의 복잡한 방정식이든 모두 마찬가지다. 분명한 건 에제키엘서에 나오는 기하학적 표현들은 모두 어떤 식으로든 하느님과 인간의 관계를 말하고 있다는 점이다. 하느님과 인간의 관계라는 근본 문제에서는 중간 답변이나 타협이 있을 수 없다. 하느님이 인간에게 관심이 있으시거나 없으시거나 둘 중 하나일 뿐이다. 그리고 하느님이 인간에게 관심을 기울이실 때, 인간이 할 수 있는 일은 그분 안에서 그분을 경배함으로써 이에 합당하게 응하고 그 관심을 돌려드리는 것뿐이다.

예언자들은 먼저 하느님의 영광이 보여 주는 기하학적 질서를 보았고, 이 질서를 따라 파견되었으며, 그 속에 담긴 도덕의 질서를 백성에게 선포한다. 도덕이란 하느님의 권능을 보여 주는 질서이거나, 아니면 아무것도 아니다. 예언자들의 임무는 선택과 배제의 원리로 움직이는 인류, 특히 이스라엘 백성이 오직 선만을 알게끔 돌이키는 것, 달리 말하면 하느님과의 언약을 인정하고 율법에 순종케 하는 것이다. 이를 거부하는 이들을 향해 예언자들은 최초의 타락에 담긴 모순을 정확히 보여 주는 말을 한다.

> 악한 것을 선하다고 하고 선한 것을 악하다고 하는 자들, 어둠을 빛이라고 하고 빛을 어둠이라고 하며, 쓴 것을 달다고 하고 단 것을 쓰다고 하는 자들에게 화가 있을지어다. (이사 5:20)

아담, 인류는 하느님의 앎을 나누어 갖기를 원했다. 그들은 선을 선이 아닌 다른 무언가로 경험하기를, 선 안에서 적대적인 것을 발견하기를 원했고 실제로 그렇게 했다. 후손 역시 같은 상황, 같은 기로에 서고 자신들의 뜻으로 타락을 이어간다(어떤 면에서는 지금도 마찬가지다). 인간은 선이 무엇인지에 대해 자기만의 기준을 내세울 수 있다. 이는 단순히 하느님을 무시하거나 도덕을 따르지 않는 것보다 더 근본적인 문제다. 하느님의 지혜 대신 자신의 지혜를 택하는 것, 이것이 바로 죄다.

죄는 여러 형태를 지니고 있지만 핵심은 같다. 바로 세계의 흐름(혹은 영광의 질서라고도 할 수 있다)을 믿고 따르는 대신 당장 만족을 주는 경험을 선호하는 것이다. 예언서를 포함해 성서에서 죄는 크게 두 가지 모습, 인간에 대한 불경과 하느님에 대한 불경으로 나타난다. 어느 쪽이든 타자를 거부하고 자기만을 고집한다.

첫 번째 불경은 사회 부정의social injustice를 받아들이고 이를 통해 개인의 이익을 취하는 것으로 드러난다. 이집트에서 노예였던 백성들이 이제는 스스로 "악한 것을 선하다고 하"는 선택을 한다. 예언자들은 (대부분의 경우) 사회 부정의라는 추상적인 말 대신 더 구체적이고 직접적인 표현을 쓴다. 이를

테면 아모스는 말한다.

> 빈궁한 사람들을 짓밟고, 이 땅의 가난한 사람을 망하게 하는 자들아, 이 말을 들어라. 기껏 한다는 말이, "초하루 축제가 언제 지나서, 우리가 곡식을 팔 수 있을까? 안식일이 언제 지나서, 우리가 밀을 낼 수 있을까? 되는 줄이고, 추는 늘이면서, 가짜 저울로 속이자. 헐값에 가난한 사람들을 사고 신 한 켤레 값으로 빈궁한 사람들을 사자. 찌꺼기 밀까지도 팔아먹자" 하는구나. (아모 8:4-6)

정의에 바탕을 둔 친교, 공동체가 무너질 때 스스로 계신 분과 백성의 관계도 무너진다. 억압받는 이들이 도움을 받지 못하고 통치자들이 자신의 이익만 추구할 때, 하늘의 권능은 인간에게 등을 돌린다. 어떤 예배 의식도 그 진노를 달랠 수 없다.

> 다시는 헛된 제물을 가져 오지 말아라. 다 쓸모 없는 것들이다. 분향하는 것도 나에게는 역겹고, … 거룩한 집회를 열어 놓고 못된 짓도 함께 하는 것을, 내가 더 이상 견딜 수 없다. 나는 정말로 너희의 초하루 행사와 정한 절기들이 싫다. …

너희의 손에는 피가 가득하다. (이사 1:13-15)

그러나 정의로운 친교, 정의로운 공동체만으로는 충분하지 않다. 이는 예배를 통해 완전해져야 한다. 인간은 자신과 형제 사이에 언약을 세우고 서로를 책임지는 것에 그쳐서는 안 된다. 인간은 자신과 전혀 다른 차원의 존재와 맺은 약속도 지켜야 하는데, 이 존재는 오직 하늘의 찬란한 무지갯빛 위에서 타오르는 호박색 불로만 표현될 수 있다. 이 두 가지 삶의 방식이 하나가 되어야 한다. 그러나 인간은 다른 차원의 존재를 거부할 수 있다. 에제키엘은 이를 탁월한 방식으로 묘사한다.

> 그는 나를 이끌고, 뜰로 들어가는 어귀로 데리고 가셨다. 내가 거기에서 바라보니, 담벽에 구멍이 하나 있었다. 그가 나에게 말씀하셨다. "사람의 아들아, 어서 그 담벽을 헐어라." 내가 그 담벽을 헐었더니, 거기에 문이 하나 있었다. 그가 나에게 말씀하셨다. "너는 들어가서, 그들이 거기서 하고 있는 그 흉악하고 역겨운 일들을 보아라." 내가 들어가서 보니, 놀랍게도, 온갖 벌레와 불결한 짐승들과 이스라엘 족속의 모든 우상이 담벽 사면으로 돌아가며 그려져 있었다. 그

런데 이스라엘 족속의 장로들 가운데서 일흔 명이 그 우상들 앞에 서 있고, 사반의 아들 야아사냐는 그들의 한가운데서 있었다. 그들은 각각 손에 향로를 들고 있었는데, 그 향의 연기가 구름처럼 올라가고 있었다. 그가 나에게 말씀하셨다. "사람아, 너는 이스라엘 족속의 장로들이 각각 자기가 섬기는 우상의 방에서, 그 컴컴한 곳에서 무슨 일을 하고 있는지 보았느냐? 그들은 '주님께서 우리를 돌보고 있지 않으시며, 주님께서 이 나라를 버리셨다'고 말하고 있다." (에제 8:7-12)

벽을 허물고 들어간 은밀한 방, 벽에 그려진 벌레들, 자욱하게 피어오르는 향의 연기, 힘오스러운 짐승들의 우상 앞에서 향로를 흔들며 서 있는 장로들, 이 모든 광경은 예배의 측면에서 인류가 어떤 선택을 했는지 보여 준다. 마찬가지로 가진 자들은 의례가 끝나기만을 기다렸다가 시장에서 속임수를 쓰고 가난한 이들을 함정에 빠뜨린다. 고된 노동의 대가로 겨우 몇 벌의 옷을 던져주고 음식 대신 쓰레기를 팔아 그들을 기만한다. 이 모든 광경은 정의의 측면에서 인류가 어떤 선택을 했는지 보여 준다. 두 경우 모두 사람들은 거짓을 선호하고, 양립할 수 없는 것을 함께 가지려 하며, 악한 것을 선하다고 부른다. 이와 관련해 예레미야는 말한다.

> 지금 이 땅에서는, 놀랍고도 끔찍스러운 일들이 일어나고 있다. 예언자들은 거짓으로 예언을 하며, 제사장들은 거짓 예언자들이 시키는 대로 다스리며, 나의 백성은 이것을 좋아하니, 마지막 때에 너희가 어떻게 하려느냐? (예레 5:30-31)

여기에는 악에 대한 비난, 선에 대한 권면과 호소, 약속이 뒤섞여 있다. 진노하시는 하느님은 화해하시는 하느님이기도 하며 진노의 회오리바람은 약속의 회오리바람이기도 하다. 인간은 돌이킬 수 있고, 뉘우칠 수 있고, 선을 행하며, 선은 선으로 악은 악으로 받아들일 수 있다. 예언자들은 돌이키고, 잘못을 뉘우치고, 새로운 삶을 시작하는 일이 얼마나 어려운지에 별다른 관심을 기울이지 않는다. 많은 그리스도교 성인이 그랬듯 이를 옳고 그름을 아는 문제라 강조할 뿐이다.

> 주님께서 말씀하신다. "오너라! 우리가 서로 따져보자." (이사 1:18)

"나는 스스로 있는 자"라고 말씀하신 분의 명료함이 모든 관계에 적용되어야 한다는 것이다. 그들이 보기에 이는 충분히 명확하다. 이렇게만 하면 모든 일이 잘될 것이고 죄도 용서받을 것이라고 예언자들은 말한다. 그들은 백성이 죄를 짓고 싶어 한다는 사실은 인정하지만, 지혜로워지기를 원치 않는다는 사실은 믿기 어려워한다. 이 지혜가 어떤 삶을 수반하는지는 너무나 분명하기에 이스라엘이 완고한 모습을 보일 때 예언자들은 분노한다. 그들이 볼 때 이런 완고한 모습은 명확하고 단순하면서도 두렵고 복잡한 무언가를 거스르는 일이다. 이스라엘 백성은 예언자들이 보여 주는 이상의 세계, 어린아이가 표범과 사자, 어린 양과 송아지를 이끌며, 누구도 무언가를 파괴하지 않고, 하늘의 평화와 축복이 이 땅의 본성으로 주어진 선함을 통해 나타나는 세계를 거부한다. 하지만 그들이 완고한 마음을 돌이킨다면 자비와 용서를 발견하게 될 것이다.

> 나 곧 나는 내 자신을 위하여 네 범죄들을 지워 버리는 자니 내가 네 죄들을 기억하지 않겠다. (이사 43:25)

용서는 곧 잊음, 즉 망각oblivion이다. 참회하는 이 역시 망각을 구한다.

> 주님, 자비를 베푸시어 악은 잊으시고 선은 기억하소서.

솔로몬이 성전을 봉헌하며 드린 위대한 기도에서는 이러한 외침이 계속해서 울려 퍼진다.

> 주님께서 계시는 곳, 하늘에서 들으시고, 들으시는 대로 용서해 주소서. (1열왕 8:30)

이는 하늘이 인간이 저지른 죄를 무효로 만드는 장소이자 상태가 되어야 함을 의미한다. 하지만 여기서 문제가 생긴다. 망각, '잊는 것'은 시간이 흐르는 상태에서만 가능한 일이다. 영원의 차원에 새겨진 행위를 단 한 순간이라도 잊는 것은 불가능하다. 영원이란 본질상 모든 일을 항상 알고 있는 상태, 보에티우스의 말을 빌리면 "영원이란 모든 순간이 '지금' 존재하는 상태, 과거와 현재와 미래가 모두 한꺼번에 완전히 존재하는 상태"이기 때문이다.

예언자들은 사람들에게 참회를 요구하고 하느님의 용서를 전하는 일에 관심을 기울이느라 철학적 물음을 고민할 겨

를이 없었다. 그들은 신인동형론anthropomorphism(이는 깊은 철학적 문제라 매우 심각한 문제다)의 문제를 그냥 지나쳤다. 에제키엘은 호박빛과 불로 된 사람 '모양의 형상'이라고 했지만, 사람들이 이를 세세히 들을 생각을 하지는 못했을 것이다. 더 큰 문제는 하느님을 마치 '시간 속에' 계신 것처럼 생각하는 것이다. 하지만 에제키엘과 그의 동료들은 절대자에 대한 형이상학 분석이나 하느님이 인간의 모습으로 나타나셨다는 신화를 옹호하는 데는 관심이 없다. 그들은 오직 사람들의 마음을 두드리는 데만 집중한다. 예언자들에게 하늘은 영원이라기보다는 지금 이 순간, 과거와 미래에 대해 무언가를 말할 수 있는 지금, 생각하고 뉘우치며 구원받을 수 있는 바로 이 순간이다.

하지만 어떤 이들은 초연해서든 완고해서든 망치와도 같은 예언자들의 명령과 호소를 피해 갈 수 있다. 그들은 묻는다. 어떻게 지고하고 거룩하신 분이 무언가를 잊으실 수 있단 말인가? 어떻게 이미 일어난 일을 모르는 척하실 수 있다는 말인가? 영원한 하늘이 어떻게 인간이 선악을 구분한 일, 선한 것을 악한 것으로 보게 된 일을 기억에서 지울 수 있다는 말인가? 주님께서는 어떻게 용서하실 수 있는가? 진홍빛 같은 죄가 어떻게 양털처럼 희게 될 수 있는가? 설령 형언할 수 없는 전능자께서 그렇게 하실 수 있다고 해도 인간은 어떤가? 인간이 참된 복을 찾으려면 과거의 사실을 모두 잊어버려야 한다는 말인가? 모든 것을 아시는 분이 무언가를 잊으신다는 이야기는 이해하기 힘들다. 그리고 구원받은 이들이 자신들의 죄된 과거를 잊어야 한다는 이야기도 만족스럽지 못하다. 살면서 겪은 일 중 무엇이라도 잊힌다면, 지워버린다면 그만큼 우리는 온전해질 수 없다.

적어도 예언서까지 이 문제는 해답을 찾지 못한 채로 남아 있다. 어떤 면에서 이런 문제가 나올 수 있는 것은 하늘에서 새로운 속성, 새로운 '말'이 나타났기 때문이다. '용서'라는 말의 참된 의미는 아직 정해지지 않았다. 인류는 자신들의 수준에서 이해할 수 있는 의미를 저 말에 부여했고, 그래서 그 뜻이 분명하다고 착각한다. 물론 여기에는 그럴 만한 이유가 있다. 주님께서는 실제로 "그래, 이제 더는 이에 관해 말하지 말자"라고 말씀하시는 것처럼, 혹은 (이게 좀 더 충격적인데) "그래, 네가 다시 그렇게 하지 않는다면 용서해 주마"라고 말씀하시는 것처럼 보인다. 성서에는 이런 조건부 용서가 너무나 자주, 너무나도 뚜렷하게 나타난다. 이를 두고 윌리엄 블레이크William Blake는 마음에서 우러나오는 항변을 했다.

> 야훼께서는 언젠가 갚는다는 조건으로만
>
> 빚을 탕감하시는가?
>
> 순결을 되찾는다는 조건으로만 더러움을 용서하시는가?
>
> 그런 빚은, 그런 더러움은 결코 용서받은 것이 아니다.
>
> 이는 하느님이 아닌 거짓 신들이 베푸는 용서요,
>
> 이교도들의 덕이니
>
> 그들이 베푸는 자비의 정체는 잔인함이로다.*

그는 용서라는 말에 새로운 의미를 부여했다. 하지만 여기서 블레이크의 생각까지 끌어들이면 논의가 너무 복잡해지니 이에 관한 논의는 잠시 미루어두자. 비록 (망각 이상으로) 용서가 정확히 무엇인지는 알기 어렵지만, 구원이 어떻게 이루어지는 어느 정도 알 수 있다. 이와 관련해 성서는 세 가지 중요한 제안을 한다.

(1) 첫 번째 제안은 예레미야서 31장 33-34절에 가장 분명하게 나타난다. 여기서 전능자는 자신이 선택한 특별한 백성과 새로운 계약을 맺겠다고 선언하신다.

---

* 윌리엄 블레이크의 '예루살렘: 기인 알비온의 해방'Jerusalem: The Emanation of the Giant Albion에 나오는 구절이다.

내가 이스라엘의 집과 맺을 언약은 이것이니 곧 그날들 이
후에 내가 내 법을 그들의 속 중심부에 두고 그들의 마음속
에 그것을 기록하여 나는 그들의 하느님이 되고 그들은 내
백성이 되리라. 나 주가 말하노라. 다시는 그들이 각각 자기
이웃과 각각 자기 형제를 가르쳐 말하기를, "주님을 알아라"
하지 아니하리니 이는 그들의 가장 작은 자로부터 그들의
가장 큰 자에 이르기까지 그들이 다 나를 알 것이기 때문이
라. 내가 그들의 불법을 용서하고 다시는 그들의 죄를 기억
하지 아니하리라. 나 주가 말하노라. (예레 31:33-34)

이 새 언약의 첫 번째 핵심은 사람들이 법을 내면화하게 된
다는 것이다. 이제 사람들에게 법은 힘들게 결단하고 지켜야
하는 것이 아니다. 법은 일종의 본능이 되어 사람들의 몸과
정신이 자연스럽게 법을 따르기를 갈망하게 된다. 온 백성이
이 가르침을 알게 되기에 서로 가르치거나 배울 필요도 없
다. 남은 일은 오직 회복된 선을 실천하는 것뿐이다.

... 내가 독수리 날개에 너희를 실어 내게로 데려온 것을 너
희가 보았느니라. ... 너희는 제사장 왕국이 되며 거룩한 민
족이 되리라. (출애 19:4, 6)

본능이 된 선은 모든 곳에서 서로 통하게 된다. 선은 더는 악으로 보이지 않으며, 겸손과 거룩함과 기쁨이 회복된다.

(2) 이러한 회복은 이스라엘에만 한정되지 않는다. 이스라엘의 목적은 온 땅을 통해 이루어질 것이다.

> 섬들이 그의 법을 바라리라. (이사 42:4)
> 내 이름이 이방 민족들 가운데서 높임을 받을 것이다. (말라 1:11)

이 법은 사람들의 마음에 기록될 뿐 아니라 모든 곳에 새겨질 것이다. 심장이 저절로 뛰듯 자연스럽게 작동하고, 땅이 끝없이 펼쳐져 있듯 널리 퍼질 것이다.

(3) 모든 악은 사라질 것이다. 내적으로든 외적으로든, 현재든 과거든, 세상은 선을 있는 그대로 선으로 알아보고 서로 이를 실천하게 될 것이다. 이런 약속과 변화를 이야기하는 성서 구절 중에서도 특히 주목할 만한 구절들이 있다. 바로 이사야서에 나오는 '종의 노래'다. 학자들은 보통 이 노래가 42장 1-4절, 49장 1-6절, 50장 4-9절, 52장 13절-53장 12절을

포함한다고 본다. 오늘날 그리스도교에서는 이 구절들을 메시아에 관한 예언으로 해석하지만, 여기서는 이 구절들에 흐르고 있는 근본 원리를 살펴보려 한다.

먼저 이 구절들을 관통하는 요소, "나의 종" 혹은 좀 더 단순하게 "그"라고 불리는 인물에 주목해야 한다. "그"는 주님의 종이자 선택받은 자다. (때로는 이스라엘 자체를 가리키기도 하지만) 그는 이방인들까지 회복의 소식을 전하는 이가 될 것이며, '선택받은 자이면서 동시에 모두를 위한 자'라는 개념을 현실에서 보여 주는 본이 될 것이다. 이 주님의 종은 칼이나 화살 같은 무기처럼 사람들에게 두려움과 동시에 경외감을 일으킬 것이며 높임 받게 될 것이다.

이 인물의 본성에 담긴 수수께끼는 53장에서 절정에 이른다. 여기서 처음으로 새로운 교환의 원리가 그 모습을 드러낸다. 최초의 언약에서는 한 사람이 다른 한 사람의 생명에 책임을 져야 했다. 그러나 여기서는 기쁨과 축복의 구절들("너 시온아, 깨어라, 깨어라! 힘을 내어라"(이사 52:1), "임신하지 못하고 아기를 낳지 못한 너는 노래하여라"(이사 54:1), "그들의 의는 나로 말미암은 의니라. 주가 말하노라"(이사 54:17), "너희 모든 목마른 사람들아, 어서 물로 나오너라"(이사 55:1)) 사이에서 전혀 다른 원리가 등장한다. 바로 한 사람이 다른 이들을 대신해 고난을 받고 승리한다는 원리, 즉 '대속'substitution이다. 이 원리는 구약에서도 매우 독특한 원리지만, 율법 및 약속의 원리 모두와 조화를 이룬다. 물론 이사야서가 이 원리를 분명하게 설명하고 있지는 않다.

> 그는 그분 앞에서, 마치 연한 순과 같이, 마른 땅에서 나온 싹과 같이 자라서, 그에게는 고운 모양도 없고, 훌륭한 풍채도 없으니, 우리가 보기에 흠모할 만한 아름다운 모습이 없다. 사람들은 그를 멸시하고 거부했다. 그는 슬픔의 사람이요, 고통을 잘 아는 자다. 우리는 그를 피하려는 것 같이 우리의 얼굴을 감추었으며 그는 멸시를 당하였다. 우리는 그를 귀히 여기지 않았다. 그는 실로 우리가 받아야 할 고통을 대신 받고, 우리가 겪어야 할 슬픔을 대신 겪었다. 그러나 우리는, 그가 징벌을 받아서 하느님에게 맞으며, 고난을 받는다고 생각하였다. 그러나 그가 찔린 것은 우리의 허물 때문이고, 그가 상처를 받은 것은 우리의 악함 때문이다. 그가 징계를 받음으로써 우리가 평화를 누리고, 그가 매를 맞음으로써 우리의 병이 나았다. 우리는 모두 양처럼 길을 잃고, 각기 제 갈 길로 흩어졌으나, 주님께서 우리 모두의 죄악을

그에게 지우셨다. 그는 굴욕을 당하고 고문을 당하였으나, 아무 말도 하지 않았다. 마치 도살장으로 끌려가는 어린 양처럼, 마치 털 깎는 사람 앞에서 잠잠한 암양처럼, 끌려가기만 할 뿐, 아무 말도 하지 않았다. 그가 체포되어 유죄판결을 받았다. 누가 그의 세대를 밝히 드러내겠는가? 그는 산 자들의 땅에서 끊어졌으며 내 백성의 범죄로 인하여 매를 맞았다. (이사 53:2-8)

지금까지 살핀 바에 따르면 회복된 삶은 다음과 같은 특징을 보인다. 삶이 회복되면 선에 대해 새로이 알게 되고, 과거 죄에 대한 기억은 모두 사라질 것이다. 하늘도 땅도 그 죄를 기억하지 않을 것이다. 주님의 나라는 죄로부터 자유롭다. 또한 이 새로운 앎은 인류의 새로운 본능, 아름다운 습관, 기쁨의 실천으로 이어질 것이다. 모든 사람이 서로 가르치고 예배를 인도할 것이므로 별도의 교사나 사제가 필요하지 않을 것이다. 이 앎은 인간의 몸과 마음에 자리 잡게 될 것이며 이스라엘을 통해 이스라엘을 넘어 퍼져나가 마침내 모든 이에게 영향을 미치게 될 것이다. 선택받은 백성으로부터 시작되나 이 땅 위 모든 민족이 같은 구원에 이르게 될 것이다. 마지막으로 (적어도 몇몇 구절에 따르면) 이 모든 일은 일종의 대속을 통해 이루어질 것이다.

> 그는 굴욕을 당하고 고문을 당하였(고) … 내 백성의 범죄로 인하여 매를 맞았다. (이사 53:7-8)
>
> "나의 생각은 너희의 생각과 다르며, 너희의 길은 나의 길과 다르다." 주님께서 하신 말씀이다. (이사 55:8)

선을 선으로 알아보던 태초의 앎을 회복하려는 예언자들의 움직임은 바로 이런 식으로 이루어진다. 하느님께서는 의로운 이들, 참회하는 이들에게 이를 약속하셨다. 여전히 죄를 어떻게 용서받을 수 있는지, 누가 어떤 방식으로 대신 짊어질 수 있는지는 의문으로 남아 있다.

구약성서가 위대한 이유는 예언서의 희망뿐만 아니라 인간 실존의 어두운 면도 보여 주기 때문이다. 인간의 관점에서 보면 에덴동산에서 최초의 선택 이후 인류는 끝없는 단조로움을 경험한다. 예언자들은 의로움에 관심을 기울이느라 이를 보려 하지 않으나, 전도서는 바로 그런 인간의 실존을 정면으로 다룬다. 어떤 면에서 전도서는 인간이 살아가면서 마주하게 되는 권태boredom를 다룬 고전이다. 역설적으로 저자가 탁월한 문학 기교를 발휘했기에 이 책은 흥미롭기 그지 없다. 그래서 전도서를 읽는 이들은 전도서 속 화자가 느끼는 것만큼의 깊은 권태를 느끼지 못한다. '권태'라는 말이 모든 인간이 겪는 삶의 상태를 담아내기에는 부족한 감이 있지만, 그렇다고 해서 이를 '절망'despair이라고 부르기도 힘들다. 설령 절망이라 해도 이는 특별한 종류의 절망에 가깝다. 몇몇 시인들은 이 감정을 자신의 노래에 담아냈다.

> 나의 생기 넘치던 영혼이 이토록 시들어가고
> 모든 희망은 사그라들며, 내 안의 본성은
> 그 모든 기능에서 지쳐 버렸구나.**

> 나의 생기 넘치던 정신이 시들어버렸다네.
> 이 바깥세상이 무슨 소용이 있으랴.
> 그 무엇도 내 가슴을 짓누르는 무게를
> 덜어내지 못한다네.***

이 시들에서 희망은 생기를 잃었다. 생명이 있는 한 되풀이

** 존 밀턴의 '투사 삼손'Samson Agonistes에 나오는 구절이다.
*** 새뮤얼 테일러 콜리지의 '낙담: 송가'Dejection: An Ode에 나오는 구절이다.

되는 삶으로 인해 발생하는 절망감, 이것이야말로 선악과 사건의 핵심이다. 이 절망은 부도덕하지 않다. 격렬하게 비난하던 죄들과는 달리 예언자들조차 전도서의 화자를 비난하기는 어려웠을 것이다. 어떤 이는 전도서를 솔로몬의 방탕했던 시기와 연결 지어 설명하려 할지도 모른다. 하지만 이는 『햄릿』Hamlet을 에식스 백작에 비추어 해석하려는 시도처럼 부질없는 일이다.**** 그리고 전도서의 저자가 삶에 권태를 느낀다는 이유로 그를 악한 사람으로 단정하는 건 편협한 판단이다.

솔로몬, 좀 더 정확하게 전도서의 저자는 어떤 특별한 죄 때문에 고민하지 않았다. 그는 먼저 지혜를 찾는다. 그런데 그 지혜가 오히려 마음을 짓누른다는 사실을 알게 되었고, 이내 다른 일들을 시도해 보지만 결과는 마찬가지다. 저자는 즐거움을 찾아 나섰고, 왕이 할 수 있는 모든 일(건축 사업, 정원을 가꾸는 일, 예술 활동)을 한다. 이런 일들은 잠시 기쁨을 주었지만, 결국에는 지혜를 추구하는 일이 그러했듯 무의미함이 밀어닥쳤다.

**** 『햄릿』이 엘리자베스 여왕에 대한 반란을 주도한 혐의로 처형된 에식스 백작과 관련이 있다고 보는 일부 평론가들의 견해를 비판적으로 언급한 말이다.

그는 의로움에서도 유사한 흐름이 있음을 발견한다. 의로운 사람들이 악인들이 받아야 할 대우를 받고, 악인들이 의로운 이들이 받아야 할 대우를 받는다. 선에 대한 앎과 악에 대한 앎은 결국 차이가 없어지고, 악에 대한 앎은 모든 것을 부정하기에 이른다.

> 해 아래에는 아무 유익이 없다. (전도 2:11)

해에는 다른 면이 없다. 모든 것이 평면과 같다. 평평한 빛이 깊이도, 의미도 없는 평평한 세상을 비출 뿐이다. 때로는 이런 의미의 부재가 오히려 즐거움과 기쁨을 가져다줄 때도 있다. 다른 때에 의미를 감지하려면 이런 순간도 필요하다. 하느님께서도 때로는 감추시는 일이 필요하시듯 말이다. 하지만 지금은 이 무의미함이 계속되고 있어 이런 '의미의 부재'에 담긴 가치조차 사라진다. 세계는 견딜 수 없이 단조롭다.

> 나는 말했다. 이 또한 헛되다. (전도 8:14)

전도서의 너무나 유명한 이 구절은 모든 행동을 무의미하게 만들어버린다. 그리하여 성서 정경은 하느님의 특별한 섭리를 통해 생명, 삶에 대한 완전한 거부를 담게 되었다.

> 그러므로 나는 삶을 혐오한다. 해 아래에서 이룩한 일은 내게 괴롭기만 하다. 모든 일이 헛되며 영을 괴롭힌다. (전도 2:17)

더 나아가 저자는 말한다.

> 그러므로 내가 아직 살아있는 산 자들보다 이미 죽어 있는 죽은 자들을 더욱 칭송했으니 참으로 아직 존재하지 않은 자 곧 해 아래에서 이루어진 악한 일을 보지 못한 자가 그들 둘보다 낫다. (전도 4:2-3)

어떤 면에서 죽음은 해방이다. 삶이 죽음보다 나쁘기 때문이다. 하지만 어떤 면에서는 죽음이 삶보다 나쁘다. 살아있는 이들에게는 죽은 이들이 갖지 못한 단 하나의 이점이 있다. 바로 희망이다.

> 살아있는 사람은, 자기가 죽을 것을 안다. 그러나 죽은 사람은 아무것도 모른다. (전도 9:5)

이렇게 해서 허무의 역설이 완성된다. 삶과 죽음 모두가 공허하다는 깨달음은 마음 깊은 곳에 스며든다. 선과 악을 알게 된 대가가 이러하다. 태초의 위대한 신화에서 삶은 순전히 선한 것으로 주어졌다. 하지만 인간은 선뿐 아니라 악도 알고 즐길 줄 알아야 더 완전해지고 하느님처럼 되는 것이라고 여겼다. 그리고 그 결과가 바로 이렇다. 삶도 좋지 않고, 죽음도 좋지 않으며, 차라리 태어나지 않은 이들이 가장 복되다. 이미 태어난 인간은 아예 살지 않고 희망도 없이 있는 것보다는 죽음이라도 희망하면서 살아갈 수밖에 없는 운명에 놓여 있기 때문이다.

> 인간은 헛되이 왔다가 어둠 속에서 떠난다. (전도 6:4)

루크레티우스Lucretius는 죽음과 관련해 이런 위로를 건넨 적이 있다.

> 생각해 보라. 그때가 되면 당신은 아무것도 갈망하지 않을 것이다. 아무것도 그리워하지 않을 것이다. 그리워할 것이 있다는 사실조차 모를 것이기 때문이다.

하지만 여기서는 이런 말도 별다른 위로가 되지 않는다.

이러한 판단과 함께 전도서의 저자는 하느님이 계신다는 점, 그리고 그분이 의로움을 뜻하신다는 점을 기꺼이 인정한다. 그는 의로움을 반대하지 않는다. 다만 의로움의 결말이 다른 모든 것의 결말과 같다고 생각할 뿐이다. 하느님은 계시며 인간은 그분께 순종해야 한다. 하지만 삶은 이 순종과 관련이 없다. 그래서 전도서의 저자는 이런 결론을 내린다. '너의 창조주를 기억하라. 그리고 죽기를 희망하라.' 그는 욥처럼 하느님과 논쟁하지 않는다. 욥도 죽기를 원하고 자신의 탄생을 저주했지만, 동시에 그는 하느님에게 이 저주받은 일의 전모를 설명해달라고 격렬하게 요구했다. 이와 달리 전도서의 저자는 욥처럼 순순히 하느님과 논쟁하지도, 무언가를 요구하지도 않는다. 그런 시도 자체가 헛되다고 보기 때문이다. 그는 기뻐하지도, 분노하지도, 선의를 보이지도 않은 채 그저 모든 것을 받아들인다. 전도서의 저자는 삶과 죽음 모두를 거부한다. 그에게는 다가오는 일을 참는 것 말고는 할 일이 없다. 욥은 이를 거부했고, 마침내 주님 자신께서 오셨다. 당신의 피조물이 도전하자 회오리 속 목소리로 오셔서 피조물의 소리에 응하셨다.

전도서의 저자는 내세를 전혀 고려하지 않는다. 그에게

죽음이란 완전한 끝을 의미한다. 설령 영원한 삶이 있다 해도, 인간이 불멸한다 해도 문제는 해결되지 않는다. 무언가 근본적인 변화가 일어나지 않는다면 시간을 무한히 늘리는 것이 유한한 시간을 사는 것보다 더 나을 이유가 없기 때문이다. 그리고 전도서의 저자는 그런 변화의 가능성을 어디서도 발견하지 못했다. 오히려 그가 보기에 내세 혹은 불멸은 사람들에게 있는 유일한 기쁨의 가능성(죽음에 대한 희망)조차 앗아가 그들의 처지를 더 나쁘게 할 뿐이다. 그래서 전도서의 저자는 말한다.

> 결론은 이것이다. 하느님을 두려워하여라. 그분이 주신 계명을 지켜라. 이것이 바로 사람이 해야 할 의무다. 하느님은 모든 행위를 심판하신다. 선한 것이든 악한 것이든 모든 은밀한 일을 다 심판하신다. (전도 12:13-14)

이는 분명 지혜다. 하지만 이 지혜조차 헛되며 영을 피곤하게 할 뿐이다.

여기에는 예언자들의 외침을 넘어선 심원한 앎이 담겨 있다. 지혜로운 '인간'은 이렇게 판단했다. 신비주의자들과 성인들은 갈망하고, 요구하고, 약속하며 하늘에서는 하느님의 분노와 평화가 폭풍처럼 휘몰아친다. 경건한 이들의 마음에서는 대속이라는 무한한 수수께끼가 노래처럼 울려 퍼진다. 그러한 가운데 전도서의 저자는 자신이 알게 된 것을 말했다. 수많은 사람이 그를 따라 같은 것을 알게 되었다.

IV

하느님 나라의 선구자, 그리고 성육신

복음서 중 가장 먼저 쓰인 복음서는 마르코복음서(마가복음)다. 이 복음서는 복음서 중 가장 짧다. 창세기가 '지금 일어나는 일'을 '과거에 일어난 일'로 설명했듯 복음서들도 같은 방식을 따른다. 복음서들은 당시 사람들이 실제로 경험하고 있는 일들이 왜 일어났는지를 설명하기 위해 예수와 관련된 역사적 사건들을 기록했다. 사건들이 일어난 시기와 장소는 매우 구체적이다. 이 사건들은 율리우스 카이사르Julius Caesar가 죽은 지 40~70년 후, 베르길리우스Virgil가 죽은 지 15~50년 후 로마 제국의 여러 도시에서 일어났다. 당시에는 로마 제국의 행정 체계가 그 세계의 모든 일을 관리했고, 복음서는 그 체계 안에서 쓰였다. 운명과 신을 따라 떠돌았던 경건한 방랑자들, 그 방랑자들의 이야기를 신화로 간직했던 도시 국가가 민족과 국경을 초월해 하나의 거대한 문명을 이루었다. 신약성서를 이루는 문서들은 로마 제국이라는 하나로 연결된 세계에서 각 지역 교회가 서로 주고받은 편지와 기록이었다. 초기 교회는 당시 자신들이 진정 무엇인지 완전히 이해하지는 못했지만, 적어도 자신들이 민족과 국경을 초월한 보편적인 공동체라는 사실만큼은 분명히 알고 있었다.

역사와 현재는 언제나 함께 간다. 이들은 하늘나라라는 동전의 앞뒷면과 같다. 이 하늘나라를 선포한 내용도 마찬가지다. 그들이 선포한 (과거와 현재의, 이곳과 저곳의, 물질과 영의) 하나됨은 2,000년이 지났든 2초가 지났든 나누어지지 않는다.

물론 우리가 이를 이해하기 위해서는 하나의 시를 더 잘 이해하기 위해 잠시 형식과 내용을 나누어 분석하듯 구분해야 할 때가 있다. 하지만 실제 시는 형식과 내용이 하나로 어우러져 있고, 교회의 가르침도 그러하다. 세계에서 일어나는 일과 영혼에서 일어나는 일은 하나의 사실을 다른 방식으로 강조한다. 달리 말하면 하느님의 '말씀'Word은 역사에서, 그리고 우리 각자 안에서 다르게 그 모습을 드러낸다.

복음서들은 이 진리가 실제로 나타났다고 증언한다. 마르코복음서는 이를 가장 간단명료하게 설명하며, 마태오복음서(마태복음)와 루가복음서는 더 많은 내용을 덧붙여 자세히 설명한다. 요한복음서는 세계와 영혼에서 일어난 새로운 일이 어떻게 하나가 되는지에 좀 더 관심을 기울인다. 이와 관련해 이 복음서는 당시 그리스 철학의 좋은 영향은 받아들이면서도 나쁜 영향은 거부했다(플라톤이 『향연』Symposium에서 물질을 다루는 방식과 요한복음서가 물질을 다루는 방식을 비교해 보면 잘 알 수 있다).

학자들에 따르면 기원후 75년경 로마에서는 이미 마르코복음서가 시중에 유포되고 있었다. 실제로 그러하다면, 75년 당시 교회가 믿는 내용 혹은 믿고자 했던 내용을 조금이라도 이 복음서가 보여 준다면, 이 발달한 도시에 있던 교회가 예수를 단순히 형제애와 평화를 가르친 선생(당시에 이런 견해가 있었는지는 확실치 않다)으로만 보지 않았음을 알 수 있다. 달리 말하면 유대교 전통에 입각해 용서와 의로움 개념을 확장한 선생, 황금률을 가르친 이로만 보지 않았다는 것이다. 요한복음서에서 절반 이상을 빼면 이런 모습을 찾을 수 있을지도 모르겠다. 하지만 마르코복음서에서는 불가능하다. 마르코복음서에서 종말론을 제거하면 윤리와 관련된 가르침만 남는 게 아니라 아무것도 남지 않는다.

어떤 이들은 초기 그리스도교의 악역(『햄릿』에서 햄릿이 없는 클로디어스 같은)인 바울이, (바울이 그런 영향을 미치기에는 시간이 너무 짧았다면) 그보다 더 이전에 누군가, '바울 이전의 바울'이, 혹은 실제로는 아무도 본 적이 없음에도 내용을 자세히 안다고 학자들이 말하는 수수께끼 같은 Q 자료가 실제 사실을 왜곡했다고 이야기할지 모른다. 한 명의 초기 제자, 혹은 모든 초기 제자가 자신들의 결점(나약함, 맹목적인 믿음, 어리석음) 때문에 실제로는 아름다운 도덕을 가르친 시골 선생을 자신들의 바람에 부합하는 무언가로 바꾸어 버렸다고 할지도 모른다. 어떤 이는 마르코가 의도했든 의도하지 않았든 거짓말쟁이였다고 단정할 수도 있다. 하지만 그의 이야기를 거짓이라고 하려면 먼저 그 이야기들이 존재했음을 인정해야 한다. 마르코가 예수에 관해 어떤 거짓말을 했다 하더라도 그의 기록은 예수와 관련된 사건들에 대한 유일한 증거다. 게다가 마르코는 그린란드에 있는 툴레가 아닌 로마 제국의 중심부에서, 이집트 왕조나 아시리아 제국처럼 먼 과거의 이야기가 아니라 아우구스투스 황제와 그의 후계자 티베리우스 시대에 로마의 한 도로 근처 도시 외곽 언덕에서 일어난 일을 기록했다. 마르코의 이야기들은 (진실이든 거짓이든, 혹은 둘 다든) 분명 역사 속에서 일어난 이야기들이었다.

그리스도교에 대한 사람들의 피상적인 이해는 또 다른 오해로 이어진다. 적잖은 이들은 마르코의 이야기들이 거짓이든 거짓이 아니든 이해하기 쉽고 단순하다고 생각한다. 하지만 실제로 이 복음서를 읽어보면 전혀 단순하지도 쉽지도 않음을 알게 된다. 이 이야기에서 무슨 일이 일어나고 있는지 파악하기란 매우 어렵다. 마르코복음서는 "하느님의 아들 예수 그리스도의 복음의 시작"(마르 1:1)이라는 선언으로 시작하지만, "하느님의 아들"이 무엇인지는 전혀 설명하지 않는다. 대신 마르코는 예언자들의 말을 인용하면서 이 신적 영웅Divine Hero의 선구자인 세례 요한에 관한 이야기로 넘어간다.

마르코복음서에서 세례 요한은 선구자 역할 외 별다른 일을 하지 않으며 요한복음서에서도 (문체는 더 화려하고 장엄한 선포의 형식을 취하고 있음에도 불구하고) 마찬가지다. 그러나 루가복음서에는 다른 내용이 더 있다. 이 복음서는 여러 부류의 사람(평범한 사람들, 세금 징수원, 군인)이 이 선구자를 찾아왔다고 기록한다. 마태오복음서는 이들 중에 종교 지도자들도 있었다고 이야기하고, 요한은 그들을 꾸짖는다. 종교 지도자들을 제외한 나머지 사람들에게 요한은 이 세상에서 실천해야 할 정의를 가르친다. 모든 사람은 자기 것을 다른 사람과 자유롭고 평등하게 나누어야 한다. 세금 징수원은 자기 직분을 이용해 사적인 이득을 취해서는 안 된다. 군인들은 자기 임무를 핑계로 폭력이나 횡포를 부려서는 안 된다. 그들 역시 정부가 주는 급여 외에 사적인 이득을 취해서는 안 된다. 모든 것을 나누고, 속임수든 폭력이든 어떤 방식이든 다른 이에게 불공평한 일을 해서는 안 되며, 자기가 받는 정당한 급여에 만족해야 한다. 세례 요한은 빼앗긴 것을 무력으로 되찾는 문제까지는 다루지 않았다.

> 속옷을 두 벌 가진 사람은 없는 사람에게 나누어 주고, 먹을 것을 가진 사람도 그렇게 하여라. (루가 3:11)

그는 교만한 자들을 고발하지 않으면서도 사회에서 일어나는 불의에 대한 예언자들의 관심을 이어간다. 45년 전 죽은 위대한 시인도 제국이 이런 의무를 감당해야 한다고 선포한 적이 있었다.*

> 평화의 관습을 세우고,

---

* 베르길리우스를 가리킨다. 『아이네이스』Aeneis 6,851-853 참조.

> 억눌린 이들에게 자비를 베풀며,
>
> 교만한 이들을 무너뜨려라.

루가복음서에 따르면 도래하는 영웅의 어머니 마리아도 비슷한 노래를 부른 적이 있다.

> (하느님께서는) 교만한 자들을 흩으시고
>
> 강한 자들을 그들의 자리에서 끌어내리시며
>
> 낮은 지위에 있는 자들을 높이시고
>
> 주린 자들을 좋은 것들로 배부르게 하시며
>
> 부자들을 빈손으로 보내셨도다. (루가 1:51-53)

신적 존재는 이런 배경 가운데 등장한다(흥미롭게도 복음서는 이 존재를 중성 명사("그 거룩한 것"(루가 1:35))로 표현하는데, 복음서 연구자들도 복음서 저자의 원래 표현을 기억하기 위해 이런 표현 방식을 따르곤 한다). 마르코복음서 1장은 이 존재의 도래를 완전히 묵시적으로 그린다. 하늘과 땅과 지옥 모두가 그에 대해 증언한다. 그(여기서는 남성 대명사가 더 자주 쓰인다)가 활동을 시작한다. 제자를 부르고, 병자를 고치며, 악령을 쫓아내고, 권위를 가지고 가르친다. 그는 무엇을 가르치는가? 악령들은 무엇을 두려워하는가? 천사들은 무엇을 선포하는가? 사람들은 무엇에 놀라워하는가? 그는 선포한다.

> 때가 찼다. 하느님의 나라가 가까이 왔다. 회개하여라. 복음을 믿어라. (마르 1:15)

그렇다. 하지만 무슨 복음일까? 어떤 나라를 말하는 걸까? 그보다 앞서 요한도 비슷한 말을 했다. 이런 의문을 품고 장을 넘기고, 또 넘긴다. 치유의 기적이 이어지고 그 사이사이에 이 신적 존재는 자신이 누구이며 왜 왔는지를 설명한다. 하지만 그 설명도 수수께끼 같다. 옛 예언자들이 말했던 '용서'라는 주제가 다시 나타난다. 그는 자신에게 죄를 용서할 권능이 있다고 한다. 이는 단순히 죄를 잊는다는 뜻일까? 그는 자신을 "사람의 아들"이라고 부르고, 안식일과 같은 종교 규율의 주인이라 말하며 영원히 용서받을 수 없는 죄가 있다고 말한다. 그리고 자신이 가져온 것(아마도 하늘나라일 것이다)은 옛것들과는 화해할 수 없다고, 새로우므로 새로운 방식으로 다루어야 한다고 말한다.

이어서 나오는 비유들은 그 나라가 어떤 나라인지 설명한다. 하느님 나라는 일종의 존재 상태이지만, 그런 상태에 있어도 되고 있지 않아도 되는 것이 아니다. 이를 잃으면 모든 것을 잃는다. 너무나 중요하지만 너무나 쉽게 놓칠 수도 있다. 이 상태는 회개를 수반하며 (그 뜻이 무엇이든) 믿음도 포함한다. 그리고 이 나라는 다른 무엇보다 예수 자신과 관련이 있다. 그가 스스로 자신에게 권능과 영광을 돌리기 때문이다. 예수는 말한다.

> 내가 네게 말한다. 일어나라. (마르 2:11)
> 나다. 두려워하지 말아라. (요한 6:20)

그의 산상수훈은 강력한 선언들로 가득하다. 그는 지옥과 파멸을 경고하고, 위선자들이 심판받을 거라 이야기하고, 불에 던져지고 발에 밟히는 처벌에 관해 이야기한다. 또한 완전해지라는, 견디기 힘든 상황에서조차 (체념하거나 참으라는 조언도 아니고, 용서하라거나 기쁜 척하라는 요구도 아닌) 기뻐하라는 극단적인 요구를 한다. 과거에 모세는 잠시 하느님의 권능과 영광을 자신의 것으로 삼았다가 현세의 약속에서 제외되었다. 하지만 이 영웅은 계속해서 끊임없이 하느님의 권능과 영광을 자신의 것으로 삼고 행사한다. 그리고 마침내 그 권위가 절정에 이르러 그는 가장 역설적인 선언을 한다. 자신이 그러하다고 입 밖으로 내면 곧바로 옹색해지는 겸손을 자신의 본성이라고 주장한 것이다.

> 나는 마음이 온유하고 겸손하니 ... (마태 11:29)

딸을 위해 도움을 청하는 수로페니키아 여인에게 "자녀들을 먼저 배불리 먹여야 한다. 자녀들이 먹을 빵을 집어서 개들에게 던져 주는 것은 옳지 않다"(마르 7:27)고 말했던 이가 말이다(물론 그녀가 지혜롭게 대답하자 요청을 들어주기는 했다. 마치 하느님이 욥과 논쟁하다 마침내 그의 항변을 받아들이셨듯이).

마르코복음서는 중간 즈음에서 큰 전환을 맞는다. 8장까지는 (비록 예수의 가르침이 애매모호하기는 하나) 제자들이 어떤 특별한 인물을 만났을 때 일어난 일들을 다룬다고 볼 수도 있다. 오늘날에도 살다 보면 한두 번쯤은 압도적이고 두려움을 불러일으키면서도 매혹적인 사람을 만날 수 있다. 그리고 그런 사람이 하는 말이 잘 이해되지 않는 것도 그리 낯선 일은 아니다. 그런데 8장에 이르러 이야기는 갑자기 독자의 시선을 한곳에 집중시킨 뒤 구체적인 설명을 덧붙인다. 영웅은 제자들에게 특별한 요구를 한다. 그는 과거 예언자들처럼 단순히 회개하라거나, 의롭게 살라거나, 스스로 계신 분을 믿으라고 하지 않는다. 예수는 그들에게 자신에 대해 어떻게 생각하는지 묻는다. 이에 제자들이 말한다.

> 당신은 그리스도이십니다. (마르 8:29)

물론 주석이 달린 성서나 성서 사전을 찾아보면 "그리스도"가 '기름 부음 받은 자'라는 뜻을 지니고 있음을 알 수 있다. 하지만 저 순간, 저 자리에서 저 고백은 마치 주문처럼, 고대의 신비로운 의례에서 쓰였던 칭호를 부르는 것처럼 들렸을 것이다. 다른 복음서에서는 이 고백을 좀 더 자세히 진술한다.

> 당신은 살아계신 하느님의 아들 그리스도십니다. (마태 16:16)

하지만 이 진술이 우리의 이해에 큰 도움이 되지는 않는다. 베드로가 하느님의 영감을 받았다 하더라도 저 순간 그리스도교 신학의 복잡한 내용을 한꺼번에 다 이해했을 리는 없을 테니 말이다. "하느님의 아들"이란 무엇인가? 사도들과 악마들 모두 예수를 그렇게 부른다. 하지만 그들은 무엇을 알고 그렇게 불렀을까?

신적 존재는 제자들의 고백을 받아들인다. 그리고 자신의 운명을 밝힌다. 그는 자신이 많은 고난을 받고, 모든 권력자에게 배척당하고, 붙잡혀 죽고, 사흘 만에 죽은 이들 가운데서 다시 살아날 것이라고 말한다. 제자들이 항의하자 예수는 그들을 질타한다. 세 복음서에서 예수는 자신에게 닥칠 일들을 말한 뒤에 자신의 더 깊은 본성과 먼 미래에 대해 설명한다. 그에 따르면 "사람의 아들"은 "자기 아버지의 영광에 싸여 거룩한 천사들을 거느리고"(마르 8:38) 나타날 것이다. 이는 이사야와 에제키엘이 보았던 정교하고도 찬란한 영광, 불타며 도는 바퀴들과 번개처럼 움직이는 생물들, 두렵도록 빛나는 수정과 같은 궁창, 그 위에서 무지개처럼 빛나는 언약까지 하늘에서 드러난 하늘의 본래 모습을 말한다. 예수는 이 하늘의 모습을 이 땅에서 아는 법을 밝힌다. 그는 "나와 복음을 위하여"(마르 8:35) 생명을 잃는 이가 생명을 얻는다고, 즉 자기를 부정하고 십자가를 지는 이가 생명을 얻는다고 말한다.

사람들은 흔히 자기 부정을 자신을 철저히 억누르고 불편하게 하는 것으로 이해한다. 그러나 그런 방식은 (설령 최선을 다한다 해도) 오히려 자기를 강하게 의식하게 만든다. 그러한 면에서 저 구절이 진실로 뜻하는 바는 도덕적 실천이라기보다 앎의 전환이다. 정확히 말하면 앎의 전환이 있어야만 합당한 도덕적 실천이 이어진다. 예수는 '나'가 따로 존재한다는 의식 자체를 부정하라고 요구한다. 전에 각별했던 '나'는 이제 다른 피조물들과 다를 바 없는 한 존재, 에제키엘이 본 환상에서 하느님의 영광을 이루며 움직이는 생물 중 하나가 되어야 한다.

> 사람들이 너희에게 해 주기를 바라는 대로 너희도 그들에게 그와 같이 행하라. (마태 7:12)

이 구절도 이러한 맥락에서 이해해야 한다. 이는 단순히 자기와 타인을 의식하며 서로 배려하라는 뜻이 아니다. 설령 이런 행동이 이타적이라 해도 마찬가지다. 예수는 이 말을 통해 자아와 타인의 구별을 넘어선 보편적이고 공정한 관점을 요구한다. '나'라는 생명은 죽어야 하고, 개인의 영혼은 '사람의 아들'이 전하는 말씀 가운데 드러나는 하늘의 질서에서 새롭게 발견되어야 한다. 그리고 이 하늘의 질서, 하느님 나라가 가까이 있다.

내가 진정으로 너희에게 말한다. 여기에 서 있는 사람들 가운데는, 죽기 전에 하느님의 나라가 권능을 떨치며 와 있는 것을 볼 사람들도 있다. (마르 9:1)

이 말씀은 과거의 선언이면서도 오늘 우리를 향해 울려 퍼지고 있다.

이어서 나오는 변모 사건은 이 새로운 존재 방식이 실제로 어떤 것인지 보여 준다. 신적 존재가 몇몇 제자들과 따로 있을 때, 그의 모습은 갑자기 찬란한 빛으로 변한다. 그 빛 속에서, 마치 시간의 흐름을 넘어 영원의 차원으로 물러나는 듯한 순간 예전의 지도자들(포괄적이지만, 동시에 배타적이었던 구원의 언약을 대표했던 인물들)이 나타나 배타적이지만 모두를 포괄하는 복된 존재, 곧 예수와 대화를 나눈다.

제자들은 이 광경을 예수가 죽은 이들 가운데서 부활할 때까지 비밀로 간직해야 했다. 하지만 이로써 하느님 나라가 어떠한지가 어렴풋하게나마 드러났다. 회개는 자기를 부정하고 생명을 잃는 일의 첫걸음이다. 참된 생명을 얻으려면 먼저 자기 생명을 버려야 한다는 역설은 사람의 아들이 죽음과 부활의 길을 선택함으로써 현실이 된다.

> 예수께서는 예루살렘에 가기로 마음을 굳히셨다. (루가 9:51)

그리스도께서 활동을 펼치시던 때, 선구자 요한과 관련해 또 다른 중요한 사건이 일어난다. 바로 요한이 제자들을 예수에게 보내 물은 일이다. 자신의 제자들을 통해 요한은 예수에게 묻는다.

> 오실 그분이 당신이십니까? (마태 11:3)

그들을 보낸 뒤 그리스도는 곁에 서 있던 이들을 향해 (마치 자신의 어머니와 형제들을 대하듯 하면서) 놀라운 선언을 한다.

> 여자가 낳은 사람 가운데서 세례자 요한보다 더 큰 인물은 없었다. 그런데 하늘나라에서는 아무리 작은 이라도 요한보다 더 크다. (마태 11:11)

이후 그리스도교 교회는 이 선언을 문자 그대로 받아들이기는 어렵다고 여겨 요한을 만장일치로 시성했고 그의 탄생을 대축일로 지정했다. 실제로 세례 요한이 하늘나라의 위대한 이들 중 한 사람이라 하더라도 그리스도께서 저 말씀을 하실 때에는 무언가 뜻하신 바가 있는 것이 분명하다.

　세례 요한은 구원자에 대한 기대 외에도 다른 가르침을 전했다. 앞서 살폈듯 그는 하느님 나라를 기다리는 이들에게 완전한 평등과 세상의 정의를 실천하라고 요구했다. 그렇다면 그리스도께서 선포한 하느님 나라에서 이런 의미는 어떻게 되었을까?

　새로운 복음은 이런 부분에 별다른 관심을 보이지 않는다. 그리스도께서 보시기에 요한의 모든 가르침은 하느님 나라의 가장 작은 가르침보다도 작다. 복음은 사기 치지 말라는 말, 폭력을 쓰지 말라는 말, 가진 것을 나누라는 말을 일일이 되풀이하지 않는다. 그리스도께서는 그런 말들을 한쪽으로 밀어두어 버리신다. 요한은 "속옷을 두 벌 가진 사람은 없는 사람에게 나누어 주"(루가 3:11)라고 말했다. 하지만 옷이 없는 사람이, 아니면 옷을 세 벌 가진 사람이 두 벌 가진 사람의 옷들을 빼앗으려 한다면 어떻게 해야 하는가? 그리스도께서는 하늘의 논리를 제시하신다. 누군가 그렇게 하려 한다면 두 벌 다 주라고, 누군가 진주 팔찌를 훔쳤다면 그에게 다이아몬드 목걸이도 주라고. 요한은 사람들에게 급여에 만족하라(루가 3:14)고 했지만, 거룩하신 분은 한 시간 일한 사람이 종일 일한 사람과 같은 임금을 받아도 불평해서는 안 된다고 가르치신다. 그리고 물으신다.

내가 후한 것이 너의 눈에 거슬리느냐? (마태 20:15)

물론 여기에도 이유는 있다. 늦게 온 일꾼들은 일찍 고용될 기회를 받지 못했다는 것이다. 하지만 오늘날 누구도, 경제학자도, 고용주도, 노동자도 이런 이유를 받아들이지는 않을 것이다. 언제나 근거는 있다. 예언자 전통과 논리는 신약에서도 이어진다. 다만 예언자 전통에 기대어 제시되는 이유들만으로는 그리스도께서 내리시는 절대적이고 나눌 수 없는 명령을 온전히 이해할 수 없다. 그리스도는 언제나 "온화한 합리성"을 지니고 계시지만, 그 합리성은 언제나 춤추듯 움직이며 가장 높은 하늘부터 땅 가장 깊은 곳까지 이른다. 복음의 균형, 예수의 사랑과 판단은 외부에 의해 좌우되지 않는다. 시간이나 공간이라는 제약을 받지 않는다. 그리스도의 사랑은 그 자신 안에서 완전한 조화를 이루며, 이미 모든 것을 품고 있으면서 여전히 주고, 더 주려 하는, 끝없는 생명의 원천이다.

그리스도께서는 길지 않은 말로 사람들의 마음을 흔들어 놓으셨다. 이제 하늘나라의 자녀들, 즉 그리스도인은 자신과 관련된 정의나 불의에 대해 골몰할 수 없게 된다. 어떤 일의 불공평함에 대해서도 불평할 수 없게 된다. 물론 무슨 일이 일어나고 있는지를 알아채는 것까지 어떻게 할 수는 없다. 하지만 이를 두고 원망하거나 항의할 수는 없다. 그리스도께서는 다른 사람들을 정죄하지도, 판단하지도 말라고 하신다. 물론 판단하고 싶다면 판단할 수는 있다. 하지만 그리스도께서는 이를 만류하신다. (너희가 타인을 판단할 수는 있으나) "너희가 잴 때 쓰는 그 척도로 너희가 다시 평가를 받으리라"(루가 6:38)라는 약속에는 불길한 기운이 있다. 또한 그분은 법대로 하고 싶다면 그렇게 하라고, 하지만 "네가 마지막 한 푼까지 다 갚기 전에는 결코 거기서 나오지 못하리라"(마태 5:26)라고 경고하신다.

그렇다면 이집트에서 노예들을 해방한 일, 예언자들의 사회 정의 추구나 결단, 가인의 폭력에 맞서 싸운 오랜 투쟁 같은 위대한 전통은 어떻게 되는 걸까? 그리스도의 답은 단호하다. 이는 어디까지나 출발일 뿐 그걸로는 부족하다고 그분께서 말씀하신다. 부자가 부자로 있는 한 구원받기는 사실상 불가능하다고 말씀하시자 사도들은 몹시 놀랐다. 남의 소유는 쉽게 포기하라고 말하면서 자신의 것은 좀 더 강하게 움켜쥐려 하는 우리가 보기에는 사도들의 이런 반응이 우스꽝스럽게 보일지도 모른다. 하지만 '부자'가 단순히 돈이 아니라 우리의 모든 소유와 관련이 있다면 우리도 그들과 같은 반응을 보일 수밖에 없다. 많은 사람은 하느님께서 로스차일드Rothschild는 심판하실지 모르지만 렘브란트Rembrandt는 심판하지 않으실 거라고 생각한다. 시인 카툴루스Catullus가 가진 예술적 부와 기업가 카네기Carnegie가 가진 물질적 부가 과연 그 본질에서 다를까? 그러한 면에서 모든 종류의 '부자'가 구원받을 수 없다는 사실은 경악스럽다. 하지만 거룩하신 분은 자비로우시고, 작은 희망의 불씨를 살리신다.

> 하느님께는 모든 것이 가능하니라. (마태 19:26)

그러나 한 가지 전제 조건이 있다.

> 네 소유를 팔아서, 가난한 사람에게 주어라. (마태 19:21)

네 소유를 팔아라. 예수와 복음을 위하여, 예수의 이름으로, "복음으로 인해 자기 생명을 잃"(마르 8:35)어라. 이것이 첫걸음이다. 그런 다음에야 이야기를 시작할 수 있다. 그때 우리는 다른 무언가를 이야기할 수 있다. 이를 하지 않으면 가난한 사람에게 주는 것조차 쓸모가 없다. 이를 해야 가난한 사람을 위해 값비싼 향유를 쓰지 않고 남겨둘 수 있다. 이를 해야 선행은 참된 가치를 지닌다.

단순한 '선행'만으로는 부족하다. 사랑도 특정한 사랑이 아니면 부족하다. 훗날 사도 바울은 이 엄중한 진리에 대해 말했다.

> 내가 모든 재산을 바쳐 가난한 자들을 먹일지라도 … 사랑이 없으면, 내게는 아무런 이로움이 없습니다. (1고린 13:3)

놀라운 일은 아니다. 그리스도께서는 자신이 이 세상에 오심으로써 인간이 이전보다 훨씬 더 깊은 방식으로 악을 깨닫게 될 것을 알고 계셨다. 빛이 강해질수록 그림자가 더 짙게 드러나기 때문이다.

> 누구든지 나로 인하여 걸려 넘어지지 않는 사람은 복이 있다. (마태 11:6)

이렇게, 육신을 입고 온 하늘나라는 자신의 운명을 선언했고, 인간이 자신과 하나 될 방법을 알려주었으며, 성장에 필요한 기본 조건을 제시했다. 공관복음은 이 경이롭고도 친숙한 이야기를 이어간다. 신적 존재가 예루살렘으로 들어가고, 육신을 통해 자신을 세상과 나누며 마침내 수난당한다.

> 사람의 아들이 배신을 당해 죄인들의 손에 넘겨졌다. (마태 26:45)

창세기 신화에서도 '선', 아담이 누렸던 그 '선'이 훼손되었다. 하지만 그때 '선'은 의식을 지닌 존재가 아니었다. 그때 하늘나라는 아담의 죄로 인한 영향을 받지 않았다. 오직 아담만 죄의 결과를 겪었을 뿐이다. 창조주는 언약을 통해 자제력을 보였지만 희생자는 아니었다. 아주 오랜 세월 동안 감춰져 있던 어떤 신비로운 진실이 서서히 드러나기 시작했다. 아담과 그 후손들 안에는 비록 타락했지만 여전히 하느님과 연결된 선의 힘이 언제나 작동하고 있었던 것이다. 그리고 그 '선'이 그리스도를 통해 드러났다.

요한복음서는 이 모든 일의 기원부터 이야기를 시작한다. 이 복음서에 따르면 신적 존재는 "모든 사람을 비추는 빛"(요한 1:9)이다. 모든 인간에게 이 빛이 있다. 달리 말하면 선을 알고 있다. 누군가 이를 고통스럽게 경험한다 해도 그 안에 빛이 있다는 사실 자체가 바뀌지는 않는다. 이 빛은 하늘과 땅을 잇는 통로, "오르락내리락"(창세 28:12)하는 다리다. 다른 복음서들이 "하늘나라"라고 부른 이 존재 방식을 요한은 "영원한 생명"이라고 부른다. 그는 이 생명이 무엇인지 다양한 방식으로 설명한다. 이 생명은 하늘과 땅이 하나가 되는 것이고(요한 1:51), 선을 거부하는 상태에서 벗어나는 유일한 길이며(요한 3:16, 36), 모든 갈망이 충족되는 것이고(요한 6:35, 10:27-28), 심판이자(요한 5:25-30, 12:46-48), 자신의 근원과 완전히 연합하는 것이고(요한 10:30, 14:11), 만물에 적용되면서 만물을 아우르는 것이며(요한 15:5, 17:21), 진리를 회복하는 것이다(요한 5:33, 7:31-32, 18:37). 지금까지 다룬 논의와 가장 깊은 관련이 있는 건 바로 이 진리의 회복이다. 진리는 (인간이 감당할 수 있는 범위 안에서) 선에 대한 완전한 앎을 의미한다.

> 너희는 진리를 알게 될 것이며, 진리가 너희를 자유롭게 할 것이다. (요한 8:32)

선에 대한 올바른 앎과 자유는 하나가 될 것이다.

신적 영웅은 자신의 수난을 앞두고 이 진리를 말했다. 그는 이 수난을 불가피한 일이자 자신의 자유로운 선택으로 예언했다. 자신을 배척하고 정죄한 재판관 중 한 사람 앞에서 그리스도께서는 선언하셨다.

> 나는 진리를 증언하기 위하여 태어났으며, 진리를 증언하기 위하여 세상에 왔다. 진리에 속한 사람은, 누구나 내가 하는 말을 듣는다. (요한 18:37)

다른 자리에서는 하느님의 아들과 사람의 아들이라는 의례에서 쓰는 칭호를 쓰셨고, 자신이 "하늘의 구름"(마르 14:62)을 타고 하늘의 영광 가운데 다시 올 것이라고 말씀하셨다. 이제 활동 초기에 했던 "하늘나라가 가까이 왔다"는 선포는 수난에 이르러 의미가 구체화된다. 이제 하늘나라는 바로 여기, 바로 지금의 문제가 된다. 복음서들은 이를 "내 때가 가까워졌다", "오늘 밤", "이 시간"과 같은 긴박한 표현으로 전한다. 때로는 거룩한 존재가 자기 안에 이 시간을 흡수한 모습을 하나의 심상("이 잔")으로 표현하기도 한다. 그리고 마침내, 그 시간이 온다.

> 보라, 사람의 아들이 배신을 당해 죄인들의 손에 넘겨졌다. (마태 26:45)

이 순간, 질서와 심판의 세계, 베르길리우스와 세례 요한의 세계, 파라오와 가인의 세계가 한자리에 모인다. 이 세계들의 선과 악 모두가 이 일에 관여한다. 결국 세상은 자기 방식 외에는 다른 방식을 알지 못하기 때문이다. '선을 악으로 아는 지식'은 참된 선을 보고 악으로 이해한다. 자신이 '선'이라 믿는 것(질서, 안정, 정의)을 지키기 위해 참된 선을 거부한다. "한 사람이 백성을 위해 죽어서 온 민족이 멸망하지 않게 되는 것이 우리에게 유익"(요한 11:50)하다고 대제사장 가야파(가야바)가 말했을 때 그는 모든 정부가 지지하고 지지할 수밖에 없는 원리를 말했을 따름이다. 메시아께서는 권력자들의 다른 죄들에 대해서는 비난하셨지만, 정작 자신을 죽이는 일에 대해서는 가야파나 빌라도를 비난하지 않으셨다. 그분은 제사장의 질문에 대답하셨고 로마 총독과 대화하셨다. 그리스도께서 침묵하신 상대는 오직 헤로데뿐이다. 헤로데가 어떠한 선(종교적 선 혹은 정치적 선)에도 관심을 기울이지 않고 그저 재미있는 기적만 보고 싶어 했기 때문이다.

그리스도께서 일으키신 기적들은 분명 효과가 있었지만 (아무리 놀라워도) 부차적이다. 하늘나라는 세상의 정의를 무시하지 않으며 오히려 그 정의를 진정으로 완성한다. 하지만 하늘나라는 세상의 질서를 유지하거나 개혁하는 데 관심이 없으며 자신의 고유한 법에만 관심이 있다. 하늘나라를 땅의 목적에 이용하려 하면 하늘을 잃고 세상도 얻지 못하게 된다. 폭력으로 하늘나라를 차지하려 할 수는 있어도, 폭력으로 하늘나라를 강요할 수는 없다. 모든 곳에서 하늘의 성육신을 고대했지만, 성육신한 하늘은 자신의 효과를 어디에도 강요하지 않는다. 모든 것이 준비되면 그리스도께서는 자신이 하고자 하는 일을 하신다. 이 원칙이야말로 모든 기도의 기본이다(안타깝게도 교회는 이를 어떤 결과가 나오든 하느님의 뜻대로 된 것이라는 식의 편리한 논리로 변질시켜 버렸다).

세 재판관은 자신이 이해할 수 있는 선의 기준에 따라, 가야파는 종교 율법이라는 기준을 따라, 빌라도는 베르길리우스가 꿈꾸었던 공정성이라는 기준을 따라, 헤로데는 개인의 욕망이라는 기준을 따라 행동했다. 메시아께서는 십자가 위에서 첫 번째 말씀으로 그들에게 응답하셨다.

> 저 사람들을 용서하여 주십시오. 저 사람들은 자기네가 무슨 일을 하는지를 알지 못합니다. (루가 23:34)

그리스도께서는 그들의 무지를 근거로 용서를 구하신다. 인간은 선악을 알기 원했고 이에 관한 앎을 얻었다. 하지만 그렇게 얻은 앎이 이제는 참된 선을 알아보지 못하는 무지의 증거가 된다. 그리고 이제 그리스도는 그들의 잘못된 앎을 드러내는 방식으로 용서를 선언한다. 옛 예언자들처럼 잘못을 단순히 덮지 않는다. 새로운 용서의 방식은 옛 용서의 방식과 달라야 한다. 악을 알면서도 용서하는 길, 이를 지우지 않고 그대로 드러내면서 용서하는 길이 시작된다.

하늘에서 내려온 존재는 이어지는 사건들을 거치며 악을 직접 경험한다. 달리 말하면 선에 대한 모든 앎이 완전히 사라지는 상태를 겪는다. 교회는 이 속죄의 작동 방식에 대해 명확히 진술한 적이 없다. 다만 하늘나라의 인격, 곧 그리스도께서 자신을 파괴할 수 있는 가장 극단적인 상황까지 받아들이셨지만, 결코 무엇도 그분을 무너뜨릴 수 없었다고만 말할 뿐이다. 그리스도께서는 의도적으로, 심지어 필요 이상으로 모든 선과 자신을 분리하셨다.

> 너희는, 내가 나의 아버지께, 당장에 열두 군단 이상의 천사들을 내 곁에 세워 주시기를 청할 수 있다고 생각하지 않느냐? 그러나 그렇게 되면, 이런 일이 반드시 일어나야 한다고 한 성경 말씀이 어떻게 이루어지겠느냐? (마태 26:53-54)

그리스도께서는 원하신다면 아무런 고통 없이 자유로워지실 수 있었다. 하지만 그분은 스스로 한 약속을 지키기로 하셨다. 그분은 자신의 선택을 따라 무력해지셨다. 자기를 부정하고, 생명을 얻기 위해 생명을 버리며, 자신을 구하지 않기로 결단하심으로써 다른 이들을 구원하신다. 하늘나라는 여전히 배타적이면서 포괄적이다. 그분은 악에 동의하지 않으면서, 악의 모든 결과는 온전히 짊어지신다. 바울의 말을 빌리면 "우리를 위하여 죄가 되"(2고린 5:21)신다.

이런 역설적인 구원에 대한 예언("그의 뼈가 하나도 부러지지 않을 것이다"(요한 19:36))은 그대로 이루어진다. 마치 우주의 틀은 그대로 있는데 그 생명만 빠져나간 것처럼, 영광의 형태는 남아 있는데 영광 자체는 사라진 것처럼. 이 신비의 절정은 겟세마네 동산에서 시작된다. 그리스도께서는 몸을 떠셨고 두려움에 움츠러드셨다. 어떤 면에서 이 두려움은 불가피했다. 그분은 힘을 잃어야만 했고, 두려움을 알아야만 했다. 그리스도는 신화 속 아담처럼 되어야 했다. 하지만 아담과 하와가 두려움에 나무 사이로 도망친 것과 달리, 그리스도께서는 그 두려움을 찾아 나무 사이로 나아가셨다. 그분은 공포 속으로 스스로 들어가셨다. 이 과정은 십자가에서 완성된다. 그곳에서도 그분은 인간의 상호 책임, 곧 서로에 대한 경건한 의무를 선언하신다.

> 어머니, 이 사람이 어머니의 아들입니다. (요한 19:26)
> 자, 이분이 네 어머니시다. (요한 19:27)

또한 자신의 신적 본성을 선언하신다.

> 너는 오늘 나와 함께 낙원에 있을 것이다. (루가 23:43)

이 길이 그분이 택하신 길이다. 자신이 선포한 내용을 실감할 수 없는 상태였음에도 불구하고, 마지막 힘이 빠져나가는 순간까지, 완전히 버림받은 상태에서도 그분은 '믿음'을 택하신다.

명문으로 꼽히는 동시에 그리스도교 역사에 대한 가장 날카로운 비판 중 하나로도 평가받는, 장엄하면서도 조소 섞인 글에서 기번Edward Gibbon은 이 사건을 의심했다. 어쩌면 그의 말이 맞을지 모른다. 온 세상이, 심지어 그 땅마저 어두워지지 않았을지 모른다. 플리니우스Pliny와 세네카Seneca가 이 경이를 기록하지 않은 이유는 당시 사람들 눈에 경이로워 보이는 모습이란 전혀 없었기 때문일 수 있다. 여느 고통의 현장이 그랬듯 골고다 언덕의 태양은 무심히 그 십자가를 비췄을 수도 있다. 부분 일식이 있었을지도 모르고, 낭만적인 경건주의자들이 기적과 과학적 설명을 화해시킬 수 있는 묘안을 떠올릴 법한 어떤 자연현상이 일어났을 수도 있다. 하지만 그 시간에 인류 전체의 생명, 삶이 근본적인 변화를 겪기 시작했다는 이야기는 충분히 믿을 만하다. 안에서든 밖에서든 태양을 포함한 빛나는 모든 것이 사람들에게서 빛을 잃었다. 죽음보다 더한 무언가, 하느님께서 부재하시는 어둠이 인류를 덮쳤다. 그가 흘린 땀, 절망의 흔적이 세상 모든 사람의 이마에 맺혔다. 항상 있었으며, 항상 있어야만 하는 그 존재, 모든 인간의 근본이 되는 인간성, 한 인간으로 성육신했으나 한 인간이기보다는 인간 그 자체였던 그리스도 예수는 모든 선이 사라진 가운데 모든 것을 알았다. 어둠이 지나가고 사람들은 일상으로 돌아갔다. 그리고 그리스도께서 말씀하셨다.

다 이루었다. (요한 19:3)

교회는 불가피하게 의례에서 수난과 부활을 분리했고 우리역시 둘을 별개의 사건으로 생각한다. 분명 둘은 다른 사건이지만 완전히 별개의 사건은 아니다. 정확히 말하면 둘은 하나의 사건이 일으킨 두 가지 작용, 하늘나라가 도래하는 순간의 두 모습이다. 이 순간 새로운 앎이 떠오른다. 과거 인간은 선을 악으로 아는 길을 택했다. 이를 완전히 치유할 길은 단 하나, 과거의 악마저 새로운 시선에서 선으로 이해하는 길, 악을 반드시 알아야 한다는 필연성에서 벗어나는 길, 참된 앎과 완전한 자유가 하나 되는 길, 모든 일을 사랑의 계기로 보는 길뿐이다.

아담과 그의 후손들은 자기 안에 모순을 품고 살았다. 율법은 그런 혼란에 나름의 질서를 부여하려 했다. 율법은 최소한 무엇이 선이고 무엇이 악인지를 규정하려 했다. 예언자들도 이 방식을 강조했으며 회개하라고, "악한 일을 그치고, 옳은 일을 하는 것을 배"(이사 1:16-17)우라고 외쳤다. 하지만 설령 모든 때, 모든 곳에서 무엇이 선이고 무엇이 악인지를 알 수 있다 할지라도 그 일이 그리 간단하고 쉬울까? 옳은 일을 하고도 고통받은 욥은 어떻게 되는가? 올바름을 찾아 헤맸지만 결국 모든 일이 허망함을 깨달은 전도서의 저자는 어떻게 되는가? 어떻게 하면 하나의 단일한 앎을 되찾을 수 있을까? 에덴동산 이야기 자체가 거짓이라면 우리는 어떻게 그런 앎을 얻을 수 있을까? 인간은 본성상 그런 완전한 앎을 갈구하고 믿으면서, 동시에 이를 부정하는 모순적인 존재인데 말이다.

부활 이후 새로운 삶을 살았던 이들, 그 삶에 관한 첫 번째 스승들이 남긴 글들은 놀라울 정도로 단순한 내용을 선포한다. "그 일이 일어났다. 하늘나라는 여기에 있다." 그들 중 한 사람은 이렇게 그리스도의 말씀을 전한다.

> 두려워하지 말아라. 적은 무리여, 너희 아버지께서 그의 나라를 너희에게 주시기를 기뻐하신다. (루가 12:32)

또 다른 사람은 이렇게 고백했다.

> 누가 이 죽음의 몸에서 나를 건져 주겠습니까? 우리 주 예수 그리스도를 통하여 나를 건져 주신 하느님께 감사를 드립니다. (로마 7:24-25)

이런 분명한 앎이 서신들을 관통한다. 모든 일이 잘 되었다. 악은 용서받았다. 이제 우리는 악조차 다른 시각으로 볼 수 있게 되었다. 사랑을 주고받는 관계 속에서는 악조차 사랑을 이루는 수단이, 따라서 선을 이루는 도구가 된다.

오 복된 죄여O felix culpa.

이제 용서란 잊어버리는 것이 아니라 더 깊이 아는 것, 기쁨 가운데 모든 것의 참된 의미를 온전히 아는 것이다.

이제 하늘이 땅의 악을 아는 방식을 우리도 알게 되었다. 악을 선의 계기로, 달리 말해 사랑의 계기로 아는 것이다. 하늘은 언제나 이렇게 알고 있었지만, 이제는 땅에서도 이렇게 알 수 있게 되었다. 예언자들은 용서 혹은 화해를 망각 이상으로 설명한 적이 없다. 당시 인류는 참된 화해를 경험하지 못했기 때문이다. 인류 스스로는 그런 화해에 이를 수 없다.

인류는 스스로 선택한 결과 모든 선이 사라진 상태에 빠졌다. 하지만 이 상태를 견딜 수도 없었고, 동시에 선이 무엇인지 기쁘게 깨닫는 것도 불가능했다. 인류가 할 수 없던 이 일을 해낸 건 그리스도의 인성manhood이었다. 그리스도께서는 모든 인간이 자신의 인성에 참여할 수 있게 하셨다. 이제는 인류도 악조차 하늘의 사랑이 드러날 수 있는 계기로 알 수 있게 되었다. 이러한 용서의 상태에 이르기 위해서는 회개가 필요하다. 회개, 참회란 모든 일을 하늘의 방식으로 보려는 마음이자 분투다. 악을 끝까지 악으로 보려 한다면 하느님의 선을 보지 못한다. 어떠한 존재든 둘 사이에서 서로를 용서한다는 것은 서로의 사랑을 다시 확인하는 일이다. 우리는 가장 따뜻하고 행복한 인간관계에서 이를 경험한다. 물론 하늘과 땅의 사랑을 다시 확인하는 일과 땅과 땅의 사랑을 확인하는 일에는 커다란 차이가 있다. 하늘이 땅에 정당하게 요구할 수 있는 것을 인간은 다른 인간에게 요구할 수 없다. 하늘의 신적 존재가 선을 요구하는 것은 마땅하고 옳은 일이다. 이는 하느님께서 우리에게 베푸시는 용서의 조건을 제시하는 것이 아니며 그분이 이미 하신 용서를 우리가 이 땅에서 온전히 이루어가라는 명령이다.

인간은 결코 '신'god처럼 되거나 신처럼 알도록 창조되지 않았다. 그러므로 인간이 다른 인간을 용서하면서 선에 대한 의향을 조건으로 다는 것은 신의 자리에 오르려는 것과 같다. 이는 '신'처럼 알기를 바라는 욕망이 다시금 끔찍한 방식으로 반복되는 것, 에덴동산에서 저지른 최초의 죄, 가장 끔찍한 실수를 되풀이하는 것이다. 아타나시우스 신경Athanasian Creed은 바로 이런 생각과 행동, 즉 인성을 하느님에게로 들어 높이는 것이 아니라 신성을 인간의 방식으로 끌어내리려는 시도를 이단으로 규정했다. 그리고 성육신은 정확히 그 이단적 시도를 뒤집는다.

물론 용서받는 이는 앞으로 다르게 살겠다는 의향을 밝

힐 수 있다. 하지만 용서하는 이가 이를 요구해서는 안 된다. 자신을 정직하게 들여다볼 줄 안다면, 달리 말해 한 피조물이 다른 피조물을 용서한다는 것이 얼마나 이상한지를 부끄러워할 줄 알고, 그 모습에 우주가 한없는 실소를 터뜨리더라도 기쁨으로 받아들일 줄 안다면 그런 요구를 할 수 없다. "다시는 그러지 말라"라는 옛 외침은 결코 용서의 요소가 될 수 없다. 베드로는 하루에 490번 자신과 형제 사이의 사랑을 다시 확인했을 수 있다. 하지만 그때마다 다시는 그러지 말라는 조건을 달았을 리 없다. 그랬다면 지성과 사랑 모두를 모욕하는 일이었을 터다.

악이 다시는 일어나지 않는다는 조건 아래서만 악을 선의 계기로 받아들이는 건 어리석은 일이다. 이는 앎을 스스로 제한하는 일이며, '지구 반대편'이라는 말을 꺼내지 않는 조건 아래서만 지구 반대편이 있음을 인정하겠다는 말과 다름이 없다. 용서에 어떤 제한이 있다면 그건 죄인, 즉 용서받는 쪽에서 "다시 그러지 않겠습니다"라는 절절한 고백으로, 혹은 (실제로 좀 더 자주 그러하듯) "다시 그러지 않으려 노력하겠습니다. 하지만 또 실패할지도 모르겠습니다"라는 정직한 외침으로 나와야 한다.

하늘은 자신뿐 아니라 우리에 대해서도 우리에게 설명해

야만 했다. 우리를 용서할 뿐 아니라 용서를 갈망하는 그 마음 자체도 우리 안에 창조해야 했다. 죄를 깨닫고 뉘우치는 마음이 무엇인지 보여 주었지만 너도 그렇게 해야 한다고 강요하지 않았다. 중요한 건 서로에게 무언가를 강요하는 사람이 되는 게 아니라 형제들과 영광스러운 한 분 하느님에게로 들어가는 것이다.

그 하늘이, 즉 그리스도께서 죽은 이들 가운데서 일어나셨다. 자신을 드러내셨으며 "하느님 나라에 관한 일들을 말씀하셨"(사도 1:3)다. 그분은 자신의 몸이 실재함을 보여 주셨다. 이 몸은 단순한 영이 아닌 참된 육신, 모든 영혼이 영원히 연결될 수 있는 거룩하고도 경이로운 물질이었다. 그분은 이 몸을 영원으로 이끌어가셨다.

또한 그리스도께서는 단 하나의 중대한 명령을 베드로에게 남기셨다. 굶주린 이들을 채워주라는 명령이었다.

내 어린 양 떼를 먹여라. (요한 21:15)
내 양 떼를 먹여라. (요한 21:17)

그리고 베드로에게 남긴 명령 너머 요한과 관련된 말도 남기셨다.

> 내가 올 때까지 그가 머물 것을 내가 원할지라도 ... (요한 21:22)

그러나 이 오심은 순간 일어나고, 머무름 역시 순간 일어난다.

> 예수께서 그에게 말씀하셨다. "내가 올 때까지 그가 머물 것을 내가 원할지라도 그것이 너와 무슨 상관이 있느냐?" (요한 21:22)

번개보다 빠르게 그분은 떠나셨다가 돌아오시며 그렇게 우리는 그분을 계속 새롭게 알아간다. 이 새로운 생명, 새로운 삶은 시간의 질서 안에 있으면서도 매 순간 근원과 연결되어 있고, 그 자체로 완전하며 절대적이다.

> 보라, 내가 속히 오리니 (계시 22:12)

그분이 가시고, 또 오신다. 이 과정은 모두 하나이고, 모두 기쁨이다.

때나 시기는 ... 너희가 알 바가 아니다. ... (그러나 너희는) 땅의 맨 끝 지역까지 이르러 나를 위한 증인이 될 것이다. (사도 1:7-8)

거룩한 물질이 닿는 모든 곳에, 그 물질이 작용하는 모든 방식으로 이 말씀이 새겨졌다. 그리고 마치 공기가 공기 속으로 스며들듯 그분은 사라지셨다. 신적 존재가 떠난 자리에는 구름이 생겨났고, 그 구름은 권능의 약속을 뿌리며 흩어졌다.

V
신학으로 본 낭만적 사랑

워즈워스William Wordsworth는 썼다.

우리의 삶에는 시간의 점들이 있나니,
그들은 독특한 탁월함으로
활력을 불어넣는 힘을 지니고 있어
그릇된 견해와 논쟁적인 사상
혹은 더 무겁고 치명적인 일들로 인해 우울해질 때나
사소한 일상과 평범한 관계가 반복되는 와중에도
우리의 마음은 이들로부터 자양분을 얻고
은연중에 회복된다네.

이 탁월한 순간, 삶을 새롭게 하는 순간은 문명과 철학에 따라 다르게 나타난다. 인간의 삶은 어디서 살든 (『이상한 나라의 앨리스』Alice's Adventures in Wonderland에 나오는 산쥐Dormouse의 말을 빌리면) 비슷비슷하지만, 그 비슷비슷함을 이해하려는 노력은 시대마다 다르다. 존슨 박사Dr. Johnson가 보스웰Boswell에게 말했듯 인간이 어떤 정부 아래서 사는지는 별로 중요하지 않다. 하지만 어떤 철학 아래 사느냐에 따라서는 차이가 생긴다. "시간의 점들", 특별한 순간이 바로 그 차이를 빚어낸다. 당대의 주된 철학은 저 순간을 해석하고, 저 순간은 자신의 풍요로움을 지키며 (적어도 한동안은) 그 철학을 더 풍요롭게 만든다. 생각과 사건이 서로 영향을 주고받는 가운데 그 흐름은 먼저는 창조적인 이들에게, 이윽고 모든 이에게 퍼진다.

그리스도께서 떠나신 뒤 수백 년 동안, 유럽은 거대한 형이상학에 바탕을 둔 문명을 발전시켰다. 초기 로마 제국이 철학 원리를 피하는 것을 기반으로 사회를 만든 반면, 이 문명은 하나의 철학 원리, 즉 구원salvation을 기반으로 사회를 만들었다. 거대한 전환이 일어났고 계속되었다. 물론 다른 요소들도 있었다. 세례 요한의 흔적도 있었고 파라오의 영향도 여전히 강하게 남아 있었다. 하지만 이 사회는 근본적으로 사도들의 관점으로 모든 것을 바라보았다. 교회의 미사는 그리스도의 희생을 지금 여기서 단순히 기념하는 것이 아니라, 그 희생의 현장으로 시간을 되돌리는 행위였다. 성찬은 경건한 이들을 하늘과, 불경한 이들을 지옥과 신비롭게 연결했다. 그리고 하느님께서 은밀한 방식으로 이루시는 용서를 만방에 알리기 위해 고해성사가 제정되었다. 왕이나 정복자, (정치 영역에서든 종교 영역에서든) 법을 제정하는 이들, 시인들처럼 자연스럽게 돋보이는 이들 외에도 하느님과 인간을 향한 깊은 사랑으로 기존의 삶을 완전히 버리고 새로운 삶을 일군 이들, 그렇게 본성을 넘어선 인물들, 탁월한 인물들이 새롭게 나타났다. 인간의 경험이 새롭게 해석되기 시작했다. 그리스도께서 하느님 나라의 전제 조건으로 받아들이신 혁명이 교회의 원리들과 얽히게 되었고 (혁명을 지지하는 이들과 교회를 수호하는 이들 모두의 불만에도 불구하고) 여전히 어느 정도는 얽혀 있다. 혁명은 교회를 필요로 하지 않을지도 모른다. 하지만 교회는 언제든 어디서든 혁명을 일으키려는 열망을 만들어내지 않고서는 이어질 수 없다. 그리스도께서는 말씀하셨다.

가난한 사람들은 늘 너희와 함께 있다. (마태 26:11)

이 말씀이 전파되는 곳, 전통이 이어지는 곳이면 어디든 사람들은 "가난한 사람들"을 뼈아프게 의식하게 되었고 그 결과 사회 정의social justice라는 개념이 중요해졌다. 한편 그리스도교 세계에서 비극이라는 관념은 그 중요성을 (그 본성까지도 거의) 잃어버렸다. 섭리를 거스르려 하는 적들이 가증스럽다 할지라도 그들을 포함해 이 세계에 있는 모든 것은 결국 하느님의 섭리 안에 있기 때문이다. 단테가 『신곡』에서 아름답게 표현했듯 '운명'은 태초에 창조된 존재 중 하나로, 어리석은 이들이 하늘 아래에서 그녀를 모욕하는 동안에도 그녀는 영원한 복을 누린다.* 이제는 사후 세계, 지옥도 비극이라 할 수 없다. 누군가 완고하게 구원을 거부하고 저주를 받기로 선택한다면, 그 모습이 아무리 안타깝고 슬플지라도 진정한 의미에서의 비극은 아니다. 거대한 전환이 일어나자 죽음도 무언가를 얻었고, 무언가를 잃었다. 한편에서 죽음은 더 무서워졌고, 더 아름다워졌다. 하지만 다른 한편, 루크레티우

---

* 『신곡』 지옥편 제7곡에서 운명의 여신fortuna를 묘사한 부분을 가리키는 것으로 보인다. "너희들의 지식은 그녀에게 맞설 수가 없으니, 그녀는 미리 예견하고 판단하며 다른 신들처럼 자신의 임무를 수행한다. 그녀가 옮기는 작업은 쉴 새가 없이 필요에 따라 종종 운명이 바뀌는 자가 있지. 그런데 그녀를 찬양해야 할 자들이 오히려 부당하게 욕하고 비난하며 그녀에게 심한 저주를 퍼붓기도 한다. 하지만 그녀는 행복하게도 그런 말을 듣지 않고, 다른 최초의 창조물들과 함께 즐겁게 자신의 임무를 수행하며 즐긴다." (제7곡, 85-96행)

스가 말했던 죽음이 주는 깊은 위로는 사라졌다. (누군가 이를 복으로 여기든 저주로 여기든) 불멸immortality이 사실이 되었고, 사람들은 더는 완전한 망각으로 위로받을 수 없게 되었다. 이러한 모든 전환은 "시간의 점들", 사회의 탁월한 순간들을 새로운 자양분으로 채우고 치유했다. 땅과 하늘을 상상하는 방식 자체가 변화했다.

이러한 변화들 가운데서도 (주요 교리들을 제외하고) 다른 무엇보다 사람들의 상상력과 세계관에 커다란 영향을 미친 변화가 있다. C. S. 루이스C. S. Lewis는 우리 시대의 가장 중요한 비평서 중 하나인 『사랑의 알레고리』The Allegory of Love에서 바로 이 변화에 대해 탁월한 설명을 남겼다. 좀 길지만 인용해 보겠다.

> 우리는 진지한 문학 작품들이 사랑을 중요한 주제로 다루는 걸 당연하게 여긴다. 하지만 고대나 중세 초기 작품들을 살펴보면 우리가 '당연하다'고 여기는 것이 사실은 11세기 프로방스에서 시작된, 그리고 언젠가는 끝날 수도 있는 역사의 독특한 현상임을 금세 알 수 있다. 우리는 (적어도 최근까지는) 사랑을 (특정 조건 아래서) 인간을 고귀하게, 고결하게 만드는 열정으로 보는 관점을 자연스럽게 여긴다. 하지만 이

런 생각을 아리스토텔레스나 베르길리우스, 바울 혹은 『베오울프』Beowulf의 작가에게 설명하려 한다고 상상해 보라. 그러면 우리는 이 관념이 얼마나 자연스럽지 않은지 깨닫게 된다.

사랑을 진지한 상상 문학의 주제로 쓰는 건 매우 흔한 일이고 자연스럽다고 여긴다. 19세기 영국 시인들까지 쓰고 있는 저 낭만의 열정을 최초로 발견한, 혹은 발명한, 혹은 표현해 낸 이들은 11세기 프로방스 시인들이었다. 이들이 일으킨 변화는 우리의 윤리, 상상력, 일상 구석구석까지 영향을 미쳤고 우리와 과거 고대, 오늘날 동방 사이에 넘을 수 없는 장벽을 세웠다. 이 혁명과 비교하면 르네상스는 문학의 표면을 스친 작은 파문에 지나지 않는다.

이 새로운 현상 자체를 설명하려 하지는 않겠다. 인간의 감정이 진실로 변화한 경우는 매우 드물다. 역사의 기록을 살펴보면 아마 서너 번 정도에 불과할 것이다. 나는 그런 변화들이 실제로 일어났다고 믿으며, 이 현상이 그중 하나라고 생각한다.

철학, 더 나아가 종교의 관념이 남녀 관계에 스며들었다.[1] 이 관념은 긴 시간을 살았고, 다행스러운 발전과 불운한 변형을 두루 겪었다. 한편으로 낭만적 사랑은 다른 많은 종교 관념처럼 일종의 미신이 되었다. 또 다른 한편으로, 어떤 면에서 자연스럽지만 안타깝게도 교회는 낭만적 사랑을 외면했다. 대중은 이 사랑을 '감정의 탐닉'으로, 청교도들은 걸림돌로 여겼다(이때 '탐닉'과 '걸림돌'은 어떤 행동이나 태도가 아닌 지성의 상태를 가리킨다). 낭만적 사랑은 영혼을 구하기도 했고, 위태롭게 만들기도 했다. 앞으로 어떻게 될지는 누구도 알 수 없다. 언젠가 땅에서 사라질 수도 있다. 하지만 그렇게 되지 않는다면 이 사랑에 대한 대중의 관념은 지난한 정화의 과정을 거쳐야 할 것이다. 낭만적 사랑은 미신이나 탐닉이 아니라 교리이자 의무이며, 성취가 아니라 약속이다.

낭만적 사랑은 단순한 성적 사랑에만 국한되지 않으며 낭만적 사랑만 강렬한 순간을 낳는 것도 아니다. 더 큰 경험으로 이어질 잠재력을 지닌 강렬한 순간은 다른 데서도 일어날 수 있다. 위대한 예술에서도, 정치에서도, 자연에서도, (사람

---

[1] 중세에는 이 생각이 일정한 관습들과 함께 논의되었지만, 그런 요소들은 이 사상의 핵심이나 본질과 관련이 없으므로 여기서는 다루지 않겠다.

들이 말하듯) 인생의 원숙한 경지에서도 그런 순간은 발생한다. 하지만 이들 중 어느 것도 낭만적 사랑만큼 보편적이지는 않다. 그리고 이 낭만적 사랑만큼 무수한 천재들이 분석한 대상도 없다. 워즈워스의 경우 더 위대한 무언가를 향한 준비 과정이자 수단으로서 자연을 분석했지만 여러 이유로 그 작업을 끝내지 못했다. 오늘날에는 낭만적 사랑처럼 자연도 미신의 대상이 되었는데, 둘 중 더 오랜 기간 영향력을 미치는 건 낭만적 사랑일 것 같다.

  이런 특별한 경험을 논의하기 어려운 이유는 모두가 나눌 수 있는 기준점을 찾기 어렵기 때문이다. 조부모 세대가 사랑에 빠졌다고 말했을 때 그 상태가 정확히 무엇을 의미하는지는 합의된 바가 없다. 그 상태를 단순히 성적 욕망에 잠식된 상태와 동일시할 수 없다는 점만 분명할 뿐이다. 이러한 사랑이 반드시 결혼으로 이어져야 하는 것도 아니다. 낭만적 사랑에 빠진 상태란 그 사랑의 대상을 경배하는 상태이며, 무수한 시인이 이를 아름답게 표현했다. 따라서 이 사랑을 정의하는 가장 좋은 방법은 시를 인용하는 것이며, 여기서는 (오랜 기간 사람들이 경건한 청교도 시인으로 여겼던) 밀턴의 『실락원』Paradise Lost 중 아담이 하와에 대해 한 말(제8권 546-59행)을 인용하고자 한다. 이 부분은 상상력을 발휘해 인류가 타락하기 전 그들이 지녔던 순수한 선의 상태를 표현한다는 점에서도 의미가 있다.

> 가까이 다가가 그녀의 아름다움을 보면,
> 완전하고 그 안에 흠이 없고
> 자신에 대해서도 잘 아는 듯하여
> 그녀가 행하고 말하려 하는 것이
> 아주 슬기롭고 바르고 신중하고 착해 보였다.
> 높은 지식도 모두 그녀 앞에서는 품위가 떨어지고,
> 지혜도 그녀와 이야기하면 면목을 잃고
> 부끄러워하니 매우 어리석게 보였다.
> 권위와 이성은 후에 우연히 조작된 것이 아니라
> 처음부터 마련된 것처럼 그녀를 떠받치고 있었다.
> 요컨대 정신의 위대함과 고상함이 더없이 어여쁘게
> 그녀에게 자리 잡고 있어
> 마치 수호천사처럼 경외감을 자아냈다.

이런 상태를 두고 일어나는 질문은 결국 하나다. '이 사랑의 경험은 진리에 닿을 수 있는가? 아니면 감정이 낳은 환상인가?' 이에 관해 지적인 논의가 가능할까? 믿음과 노력, 결실로 이어질 수 있는가? 이는 참된 것일까? 적어도 밀턴의 시에 나오는 아담은 그렇다고 말할 것이다. 그에게 하와는 진짜였고, 이 땅에 임한 하늘을 경험할 수 있게 해주는 존재, 하늘에 있는 존재인 동시에 하늘을 볼 수 있게 해주는 창문 같은 존재였다.

이런 사랑의 상태를 실험해 보는 건 가능할까? 가능하다면 무엇으로 어떻게 실험해 볼 수 있을까? 그리고 그 목표는 무엇일까? 목표는 아마도 하늘에 이르는 것, 즉 자애('카리타스'caritas)로, 순간의 사랑에서 영원의 사랑으로 나아가는 것이다. 여기서도 포괄과 배제의 원리가 작동한다. 즉, 우리는 더 높은 차원의 사랑을 선택함으로써 낮은 차원의 것을 배제해 나간다. 밀턴의 시에서 아담이 그랬듯 우리 역시 낭만적 사랑을 통해 더 높은 영적 사랑으로 나아가는 이 실험에 참여할 수 있다.

그리스도교 역사에서 이 주제, 사랑과 구원의 실험을 가장 탁월하게 상상해 낸 천재는 단테였다. 그의 작품들은 이 실험을 어떻게 진행하는지, 그리고 성공했을 때 어떠한 일이 일어나는지를 완벽하게 보여 준다. 물론 단테가 낭만적 사랑만 이야기하지는 않았다(이 세상에 존재하는 사람 수만큼 단테'들'이 있다Tot homini quot Dantes). 하지만 낭만적 사랑은 분명 단테

작품에서 매우 중요한 주제였고, 그는 이를 의식적으로 추구했다. 단테가 남긴 기록을 믿는다면 이게 억지 해석이 아님을 알 수 있다. 어떤 비평가들은 그가 진정으로 사랑한 여인은 없었다고, 베아트리체는 실존 인물이 아니었다고 주장하기도 한다. 하지만 이런 주장은 무의미하다. 젬마 도나티 Gemma Donati(*단테의 실제 부인)를 포함해 그의 삶에서 시간을 함께한 여인이 단 한 명이라도 있었다면 그 여인에 대한 사랑의 가능성도 인정해야 하고, 그 사랑이 영적 사랑으로 발전할 가능성도 인정해야 한다. 여기서 단테가 보여 준 사랑의 발전 과정 전체를 다룰 수는 없다. 다만 이미 잘 이루어진 분석들을 간략하게 취해 정리해 보도록 하겠다.

    이 사랑의 여정은 『새로운 인생』 La Vita Nuova 부터 시작된다. 아홉 살 때 단테는 처음으로 베아트리체와 만나고, 열여덟 살 때 두 번째로 만난다. 이후 그는 여러 경험을 거치고 『신곡』 거의 끝부분에서 다시금 그녀를 만난다. 천국편에서 단테가 보여 주는 완전한 상호 사랑이라는 거대한 전체에 비추어 보면 『새로운 인생』에서 엿보이는 설렘과 두려움을 동반한 만남은 지극히 사소해 보인다. 하지만 그 만남이 모든 여정의 시작점이라는 것 또한 분명하다. 모든 시가 그렇듯 끝에 도달한다는 것은 곧 처음으로 돌아간다는 뜻이다. 『신곡』

의 천국편에 이르러서야 우리는 『새로운 인생』의 진정한 의미를 알게 된다. 『새로운 인생』, 『신곡』의 지옥편과 연옥편은 모두 천국편으로 가는 과정이며 그 안에서만, 그를 위해서만 존재한다.

베아트리체와의 만남을 묘사한 건 『새로운 인생』이지만, 이 사랑의 의미를 정의하고 지적으로 분석한 작품은 『향연』 Convivio이다. 『향연』에서는 그 대상이 베아트리체에서 창가의 여인으로 바뀌지만, 그렇다고 해서 낭만적 사랑에 대한 정의가 달라지지는 않는다. 위대한 사랑의 시인들은 한 번에 한 사람만 사랑하지만, 평생 한 사람만 사랑했다고 보기는 어렵다. 단테 역시 일부일처제의 모범과는 거리가 있었다. 한 여인과 결혼 생활을 하면서 철저하게 다른 여인에 기대어 상상을 발휘했기 때문이다. 이것도 하느님 나라의 아이러니라면 아이러니다. 엄격한 도덕주의자들이 반대하거나 외면하는 시인이 영적 사랑으로 나아가는 가장 경이롭고 치밀한 실험을 감행했으니 말이다.

다시, 단테는 『새로운 인생』에서 낭만적 사랑을 묘사하고 『향연』에서 이를 분석한다. 베아트리체가 단테 앞에 나타났을 때의 모습, 이후 그의 마음에 남은 그녀의 형상은 고귀한 덕을 지니고 있었다. 그래서 그녀에게 빠져 있다 할지라도 지성은 자신의 역할을 감당한다. "이성의 신실한 판단이 필요한 순간에 사랑에 눈이 멀어 이성의 조언을 받지 않는 일은 없었다. 그녀는 그렇게 되도록 나를 내버려두지 않았다." 처음 나타났을 때 베아트리체는 서로 다른 세 가지 반응을 일으킨다. 그녀는 영적 감정이 자리 잡은 심장을 움직였고, 지각의 중심인 뇌를 움직였으며, 육체의 감정이 자리 잡은 간liver을 움직였다(영문학에서도 심장처럼 간까지 감정의 자리로 썼으면 좋았을 것이다. 오늘날 우리는 서로 다른 두 감정을 한 단어(심장)로만 표현한다). 하늘(천국)이라는 말이 이중의 의미가 있듯 낭만적 사랑이 인도하는 하늘에도 두 가지 차원이 있다. 하나는 영혼이 도달하는 영적 하늘이고, 다른 하나는 육체가 머무는 물질적 하늘이다. 물론 단테는 물리적 공간으로서의 하늘 혹은 천국을 묘사하는 데도 탁월했다. 하지만 여기서 우리가 주목해야 할 것은 영적인 차원에서의 천국이다. 그에 따르면 이 천국은 아래와 같은 특징을 지녔다(지금부터 논의하는 단테의 이야기는 『향연』에 나오는 내용이다).[2]

(1) 사랑하는 이를 보는 순간 이성은 무언가를 깨닫는 듯하지

---

[2] 여기서 인용하는 『향연』 구절은 클래런던 출판부에서 출간된 W. W. 잭슨 판을 택했다.

만, 그 깨달음은 언제나 언어와 이해의 범위를 초월한 영역에 머무른다. 사랑에 빠진 이는 마치 세상의 모든 의미가 눈앞에 펼쳐지는 것 같은 느낌을 받는다. 세계에 대한 해답이 제시되고 이를 어렴풋하게나마 이해하게 된 것도 같지만, 막상 이를 언어로 정확하게 표현하지는 못한다. "지성이 본 것을 혀가 따라가지 못한다."

(2) "그녀는 ... 신이 인간을 창조하기 전 마음에서 구상한 인간의 원형, 인간 창조하며 그린 가장 완전한 모습, 인간이 도달할 수 있는 한계까지 온전히 실현한 존재다." 즉, 그녀는 인간됨의 중심이자 기준이다. 다른 사람들은 그녀를 닮은 만큼 혹은 닮았기에 존재하는 것처럼 보인다. 그러한 면에서 사랑의 체험은 평범한 존재에게서 비범한 실재를 보게 한다.

(3) 그녀를 경험하는 것은 단순히 그녀의 외모를 보는 것이 아니라 그녀 안에 있는 하느님의 빛을 인식하는 것이다. 그녀가 말하는 방식, 그녀의 태도, 그녀의 절제되고 품위 있는 행동을 통해 그 빛이 드러난다. 아주 오래전부터 사랑시에서는 사랑하는 사람에게서 빛이 난다고 노래했다. 형이상학에서는 그 빛이 실제로 있다고 보는 사람들과 그렇지 않다고

보는 사람들로 견해가 나뉜다. 이 문제는 논쟁으로는 결론이 날 수 없다. 빛이 실제로 있다고 보는 사람들에게 그녀는 이마와 손에서 빛을 발한다. 그렇게 그녀는 영광을 흩뿌린다. 그렇지 않은 사람들에게는 빛이 나는 것처럼 보일 뿐 실제로는 그렇지 않다. 하지만 어떤 연인도 그 모습이 그저 환상에 불과하다고 생각하지는 않는다. 오히려 사랑하는 사람에게 그 빛은 하늘에서 그녀가 창조될 때부터 그녀에게 깃들어 있던 빛의 일부다. "세상을 향한, 모든 사람을 비추는 빛"은 그녀를 통해, 은총의 뜻을 따라 보이게 된다. 그 빛은 찾으려 한다고 해서 찾을 수 없다. 오히려 전혀 예상치 못한 곳, 원치 않는 곳에 있다. 빛은 나름의 방식을 가지고 있다. 주님께서 말씀하셨듯이.

나의 길은 너희의 길과 다르다. (이사 55:8)

물론 저 빛이 전등불처럼 선명하지는 않다. 하지만 그 이유가 빛이 약해서인지, 아니면 연인의 불완전함 때문인지는 알 수 없다. 이에 대해서도 학자들은 견해가 갈린다.

(4) "이 여인은 눈에 보이는 기적이고, 인간의 눈이 매일 경

험할 수 있는 경이 그 자체다. ... 그녀의 놀라운 모습은 우리의 신앙을 돕는다. 그녀는 영원에서부터 그렇게 예정된 존재였다." 여기서 "신앙"이란 십자가에 못 박힌 분에 대한 신앙을 말한다. 단테에게 예수 그리스도는 낯설면서 기이한 존재가 아니라 가장 자연스럽고 근본적인 실재였다. 여기서 특히 눈여겨봐야 할 단어는 "영원"이다. 그녀는 시간의 영향을 받지 않는 존재처럼, 달리 말하면 영원의 성질을 지니고 나타난다. 그녀의 빛나는 모습은 단순히 눈으로 보기에 아름답다는 의미가 아닌, 인간에게 하느님의 영원한 빛이 깃들어 있다는 형이상학적 의미를 지닌다. 그녀는 영의 실체substance of spirit다.

(5) "지금까지 이 여인의 영혼에 관해 찬미한 부분의 의미를 살펴보았으니 이제부터는 그녀의 육체에 관해 내가 어떻게 찬미하는지를 살펴보아야 한다. 그녀의 외모에서 우리는 천국의 수많은 기쁨 중 일부를 엿볼 수 있다. 가장 고귀한 기쁨은 만족을 느끼는 것, 곧 복된 상태에 이르는 것이다. 다른 방식이기는 하나 여인의 모습에서도 나는 이 기쁨을 발견한다. 그녀의 아름다움은 보는 이를 커다란 기쁨으로 채운다. 물론 이 만족은 천국에서 느끼는 끝없는 만족과는 본질상 다

르다. 이 땅에서 그런 끝없는 만족은 누릴 수 없다." 영혼의 아름다움이 가장 많이 드러나는 곳은 눈과 입이다. 그곳에서 우리는 그녀의 정직과 겸손을 엿본다. 솔직함과 절제가 적절한 균형을 이룬다고, 대립하는 것처럼 보이는 덕들이 공존한다고, 그렇게 조화를 이룬다고 할 수 있다.

(6) 그녀의 아름다움은 "우리의 지성을 압도한다. 태양빛이 강렬하게 타오르면 눈을 뜰 수 없듯이". 물론 정신의 눈이 건강하면 볼 수 있다. 하지만 약하면 그 아름다움을 제대로 볼 수 없다. "아름다움을 바라본 영혼은 그 황홀함에 취해 모든 행동거지가 엉망이 되기 쉽다." 메시아의 말씀이 떠오른다.

> 나에게 걸려 넘어지지 않은 사람은 복이 있다. (마태 11:6)

사랑하는 사람의 아름다움을 보고도 황홀함에 길을 잃지 않은 사람에게 복이 있다. 영광의 빛은 그 빛을 탐구할 준비가 되어 있지 않은 이에게는 그저 눈이 부시고 혼란만 낳을 뿐이다. 그 빛을 사랑하게 된 이는 빛에 감탄만 하지 않는다. "주여, 주여"하고 외치는 대신 그 빛이 가리키는 하느님 나라의 일을 실제로 행한다. 실제로 그런 방식으로 길을 잃어 낭만적 사랑의 신학이 미신과 전설에 밀려나곤 했다. 그녀를 통해 원형으로 가느냐에 따라 두 길이 갈린다. 미신은 하늘과 땅을 사랑하는 사람의 모습으로 바꾸어 버린다. 반면 낭만적 사랑의 신학은 자신이 사랑하는 이가 하늘과 땅을 이해하게 해주는 첫 번째 통로라고 말한다. 이 신학의 핵심 원리는 사랑하는 이를 통해 처음으로 하늘과 땅이 보이게 된다는 것, 즉 그녀가 매개라는 것이다. 단테의 경우 베아트리체를 통해 하늘과 땅을 보지만 그녀에게 머무르지는 않는다. 그에게 "통해"란 보는 방식일 뿐 아니라 영혼이 하느님을 향해 걸어가는 길이다.

(7) "그녀의 아름다움은 보는 이의 본성을 새롭게 할 수 있는 힘을 지니고 있다. 이는 놀라운 일이며 그녀가 우리 신앙을 돕는 이임을 다시 한번 확증한다." 이 진술은 베아트리체의 아름다움이 단테, 즉 인간에게 미치는 여러 효과에 관한 진술 중 가장 심오하고 보편적이며 널리 공감받는 진술일 것이다. 단테는 이런 방식으로 자신이 사랑하는 사람의 영향을 받아 일어난 모든 결심과 변화를 설명했다. 동시에 이는 하느님 나라가 최초로 임하는 순간에 대한 묘사이기도 하다. 단테는 이어서 말한다.

그녀는 선한 것을 더 선하게 만들기 위해서뿐만 아니라 악한 것을 선한 것으로 바꾸기 위해 창조되었다.

사랑의 상태 밖에서는 견딜 수 없는 것들이 사랑 안에서는 복된 것이 된다. 사랑과 웃음은 잠시나마 영혼 속 어두운 거처를 새롭게 된 에덴의 정원으로 바꾼다. 태초에 있던 앎이 회복되고, 용서에 가까운 무언가가 순수에 가까운 무언가를 회복시킨다. 새로운 삶은 분명 존재한다. 그러나 신앙과 분투 없이는 지속될 수 없다. 하늘에서 내려온 모든 것이 그러하다. 하지만 그들은 순간이라도 인간의 본성을 새롭게 한다. 하늘은 사랑하는 이에게 그가 본래 살아야 했던 삶을 보여 준다. 이는 그녀를 통해 하느님의 생명이 드러났기 때문에, 그녀가 그 생명, 하늘의 삶을 잠시 세상에 드러내는 통로이기 때문에 가능하다. 남녀가 사랑에 '빠질 때' 바로 이런 일이 일어난다.

(8) "그녀는 자기 뜻대로 살던 모든 이를 겸손하게 만든다. 우주를 움직이는 분의 생각에는 그녀가 있었다." 내가 사랑하게 된 그녀는 우주의 중심에서 일어난 현상이다. 그리고 그녀가 베푸는 주된 은총은 겸손, 곧 자신을 잊고 다른 무언가

를 경배할 수 있는 자리를 내어주는 마음이다. 그녀는 하느님의 영광을 보게 해주며, 하느님의 은총이 그녀를 통해 흘러든다. 물론 이 모든 일은 그녀의 공로가 아니며 그녀를 넘어서는 일이다. 그녀는 사랑의 어머니로서 하느님의 사랑이 세상에 드러나게 하는 통로다. 우리가 상상할 수 있는 그 어떤 사랑보다 더 깊고, 더 높은 차원의 사랑을 비추는 얼굴이다. 그녀는 하느님의 선의가 이 땅에서 보일 수 있게 한다. 그녀는 하느님께서 택하신 사랑의 매개자다.

단테는 베아트리체의 출현과 그 안에 담긴 의미를 이런 식으로 정의했다. 이러한 진술이 사랑에 빠진 청년의 경험을 얼마나 제대로 반영하고 있는지는 각 독자가 판단할 문제다. 필요한 부분을 바꾸면 이 설명은 한 남성을 향한 사랑에 빠진 여성에게도 적용될 수 있다. 다만 단테의 작품에는 그런 여성이 나오지 않으므로 여성의 모습을 보려면 밀턴이 그린 하와를 참조해야 할 것이다. 낭만적 사랑의 순간, 서로가 사랑에 (떨어지는 인상을 주는) '빠진다'라고 말하는 건 흥미로운 일이다. 이때 빠진다는 것은 죄를 짓거나 추락한다는 뜻이 아니라 은총이 작동한다는 뜻이다. 사랑에 빠지는 모습을 보면 과거에 하느님께서 인간이 분열되고 모순된 앎으로 추락하게 내버려두셨으나, 이제는 하나로 회복된 앎으로 인간을 빠뜨리시는 것처럼 보인다. 포괄하면서 배제하는 구조, 인간의 결함을 품되 그 한계에 머물지 않는 이 역설의 구조가 곧 구원의 방식이자 은총의 법칙이다. 하와든 베아트리체든 누구든 간에 사랑에 빠졌을 때 비치는 그녀는 온전하며 결코 타락하지 않았다. 하지만 현실에서 그녀는 하늘의 차원으로 들어 올려진 지극히 평범한 존재이기도 하다.

단테에게 베아트리체는, 사랑에 빠진 이에게 사랑의 상대는 인간이 어떤 존재가 되어야 하는지를 보여 주는 원형이다. 다른 이들은 결코 이 원형에 미지 못하는 것처럼 보인다. 그처럼 상대를 통해 드러난 진리는 변하지 않는다. 연인은 사랑하는 이에게서 육체와 영혼이 완전히 조화를 이룬 모습, 결합한 모습을 본다. 수많은 시인은 바로 이 결합을 묘사하기 위해 애썼고, 또 애쓴다. 이 결합은 경험과 말, 몸과 영혼과 같은 인간이 만든 이분법보다 훨씬 더 깊은 진리를 보여 준다. 그녀는 몸과 영혼을 함께 품으며 둘의 분리를 거부한다. 그리고 마지막으로 (놀랍게도) 그녀는 이 모든 위대한 특성을 벗어던지고 아무것도 아닌 존재로 남으며 그 순간조차 은총의 질서 안에 포함시킨다. 놀랍게도 하느님의 영광마저 잊고 그분의 사랑 안에서 자연스럽게 뛰놀 때, 그렇게 존재

신학으로 본 낭만적 사랑

할 때 사랑의 상대에게서 은총의 빛은 가장 잘 드러난다.

『새로운 인생』은 훗날 『향연』에서 설명하는 개념들을 베아트리체라는 인물과 관련된 이야기로 형상화한 작품이다. 여기서 베아트리체는 단테에게 『향연』이 분석한 바로 그 영향을 미치는 존재로 그려진다. 실제 인물이든 아니든 (단순한 증거로만 보면 실제 인물일 가능성이 높지만) 단테에게 그녀는 사랑과 아름다움이라는 추상적 진리를 구현한 인물이었다. 단테는 도시 속 일상을 보내는 가운데 베아트리체와 만나고 베아트리체 역시 마찬가지다. 하지만 그러한 가운데 두 가지 비범한 일이 일어난다. 그녀가 그를 냉정하게 대한 일, 그리고 그녀가 죽음을 맞이한 일이다. 『새로운 인생』에서는 베아트리체가 하느님과 맺고 있는 관계를 암시하는 장면이 두세 번 등장한다.

첫 번째 장면은 그녀가 길을 따라 걸어 내려오면서 단테를 지나치며 그에게 "좋은 아침"이라고 인상하는 장면이다. 이 짜릿한 순간은 이른바 '베아트리체의 인사'the salutation of Beatrice로 알려져 있다. 물론 그 이름은 꽤나 잘 어울린다. 그리고 그만큼 (잘 세공된 장면이기보다는) 진지한 장면이다. 한마디 인사를 나누는 가운데 섬광이 일어난다. 단테는 말한다.

어디선가 그녀가 나타날 때마다, 놀라운 인사를 받을지도 모른다는 희망이 솟구쳤다. 그로 인해 내 마음에는 어떤 적의도 남지 않았다. 사랑의 불꽃이 나를 사로잡았고 그 불꽃은 나를 해친 사람까지 용서하게 했다. 인사를 기다릴 때 누군가 내게 무언가를 물었다면, 무엇을 묻든 나는 겸손한 표정으로 "사랑"이라고 답했을 것이다.

이 말을 좀 더 쉽게 풀면 아래와 같다.

그녀가 지나가기만 해도, 그녀가 나를 알아볼지도 모른다는 기대만으로 나는 모든 사람에게 친절해졌다. 나는 선의로 가득 차 있었으며 나에게 상처를 입힌 이들조차 용서할 준비가 되어 있었다. 그에게 누군가 내게 무슨 질문을 던졌다면 그 질문이 무엇이든 나는 겸손하게 "사랑입니다"라고 답했을 것이다.

용서는 차가운 상태에서, 용서를 구하는 사람보다 우월한 상태에서 베푸는 행동이 아니라 "사랑의 불꽃", 에제키엘서에 나오는 천상의 피조물처럼 타오르는 불길, 사랑의 불길에서 나오는 행동이다. 그리고 그 사랑의 불꽃에는 겸손이 함께

한다. 그 겸손은 인간이 만들어낸 미덕이 아니라, 그 근원인 하늘나라에서 흘러나오는 생명의 힘이다. 곧 "나는 마음이 온유하고 겸손하다"(마태 11:6)고 말씀하신 하느님의 역설적 생명력(강함이 낮아짐으로 드러나는 그 신비로운 사랑)에서 비롯된 것이다. 단테는 자신이 겸손과 사랑의 상태에 도달했다고 이야기하지 않는다. 그보다는 그녀의 인사 한마디에 불현듯 자기 안에서 겸손과 사랑이 일어난다는 점을 강조한다. 그리고 단테의 위대한 실험은 이 사랑과 겸손이 일시적 감정이 아니라 지속적이고 본질적인 상태로 자리 잡게 되는 과정을 탐구하는 것이었다. 인간의 사랑이 어떻게 성스러운 사랑으로 변모하는지, 사랑의 중심이 언제 베아트리체에서 하느님에게로 옮겨가는지를 찾는 일에 단테는 관심을 기울였다. 그래서 『신곡』 끝부분에서 베아트리체는 단테에게서 눈을 돌린다.

> 그렇게 기도하자, 그토록 멀어 보이던
> 그녀는 미소 짓고 나를 바라보더니 다시
> 영원한 샘물 쪽으로 몸을 돌렸다.

이때 단테는 비슷한 과정을 겪는다. 완전한 복의 세계가 열리고 그는 베아트리체마저 의식에서 사라지는 지점에 다다른다. 한때 그녀가 자신의 인사를 거절했을 때, 그는 행복을 잃어버렸다고 생각했고 심각한 고통을 느꼈다. 하지만 이제 그녀가 인사도 하지 않고 사라지는 것은 마지막 환희, 구원의 완성을 알리는 신호가 된다. 이후 베아트리체가 단테를 다시 바라보는지, 아니면 영원히 하느님만 바라보는지, 그것이 어떤 의미가 있는지는 『신곡』의 천국편 끝부분을 자세히 읽어야만 이해할 수 있다.

두 번째 사건은 우의처럼 보이지만, 실제로는 우의와 현실의 경계가 사라진다. 현실과 영원은 단순히 닮지 않았다. 현실에 영원이 스며든다. 『새로운 인생』에서 어느 날 단테는 또 한 명의 여성을 본다. 이 작품에는 이런 젊은 여성들이 여러 번 등장한다. 이 여성들이 단테의 실제 삶에서 어떤 존재였든 간에 그의 상상에서는 모두 포괄하면서 배제하는 사랑의 구조에 속해 있다. 이들은 한편으로 ('사랑의 구조'를 완성한다는 측면에서) 매우 필요하면서 동시에 전혀 중요하지 않다. 젊은 여성들은 단테에게 사랑의 가능성을 일깨우나 그 사랑은 아직 진실하거나 구체적이지 않다는 점에서 사랑의 예행연습 상대에 그친다. 다시, 두 번째 사건의 주인공이라 할 수 있는 여성은 단테 친구의 연인이다. 그녀의 이름은 지오반나Giovanna, 너무 아름다워서 사람들은 그녀를 프리마베라

primavera(봄)라고 부른다. 그리고 그녀 뒤에 베아트리체가 오고 있다. 그 순간, 사랑이 단테에게 말한다.

> 그녀의 이름을 잘 생각해 보아라.
> 지오반나라는 이름은 요한에서 비롯된 것이다.
> 그리고 요한은 참된 빛보다 먼저 와서 말했다.
> 나는 광야에서 외치는 이의 소리요.
> 너희는 주님의 길을 곧게 하여라. (요한 1:23)
> 이를 깊이 생각한 사람은
> 베아트리체를 사랑이라고 부를 것이다.
> 그녀는 나와 놀라울 만큼 닮았기 때문이다.

물론 이 말을 문자 그대로 받아들이는 것은 조금 위험할지도 모른다(특히 사랑이 열정 어린 선의와 겸손을 뜻한다면 말이다). 하지만 적어도 그녀를 사랑이 인간의 영혼 안에서 태어나도록 돕는 존재, 그러한 의미에서 사랑의 어머니라고 부를 수는 있다. 참된 빛보다 먼저 온 세례 요한에 견준다는 측면에서 지오반나는 베아트리체 안에서 (『향연』의 표현을 빌리면) "방해를 덜 받으며" 타오르는 거룩한 빛의 선구자라 할 수 있다. 이제 단테는 베아트리체를 통해 선의와 겸손을 경험한다. 이러한 면에서 그녀는 은총의 어머니이자 숨겨진 하느님의 어머니라고도 할 수 있다. 그리고 이는 물질 안에서, 그리고 물질을 통해 하늘나라를 알 수 있는 모든 가능성을 열어젖힌 성육신의 결과다.

> 나의 언약이 너희 몸에 영원한 언약으로 새겨질 것이다 (창세 17:13)

세 번째 사건, 베아트리체의 죽음에 대해서는 짧게 언급하겠다. 여기서 베아트리체가 실제 인물인지 상징인지는 단정하기 어렵다. 그 사실을 굳이 부정할 필요도 없다. 어떤 식으로든 그녀의 죽음은 단순한 사건 이상의 의미를 지니기 때문이다. 그 죽음을 통해 단테는 '사랑'이라는 경험이 땅의 차원에서 하늘의 차원으로 이동하는 순간을 그린다. 그에게 베아트리체의 죽음은 그녀가 본래 지닌 영광, 베아트리체를 베아트리체답게 만드는 무언가가 사라지는 동시에 다른 형태로 변모하는 사건이다. 이 죽음 또한 포괄하면서 배제하는 구조 안에 있다. 베아트리체의 죽음은 분명 배제다. 그녀는 더는 세상에 보이지 않는다. 하지만 동시에 이 사건은 포괄적인 사건이다. 단테의 상상에서 그녀의 빛과 복은 사라지지 않고 더 높은 차원으로 들어간다. 그녀의 부재는 상실이 아니라 변모이며, 죽음은 끝이 아니라 완성으로 나아가는 통로가 된다. 물론, 그럼에도 불구하고 사랑하는 이를 잃는 일은 여전히 깊은 상처를 남긴다. 단테는 예레미야의 말을 인용한다.

　도시는 과부가 되었다.

『새로운 인생』과는 전혀 다른 형태의 시인 『신곡』에서 그녀는 다시 돌아온다. 다정한 여인이 아닌 일종의 심판자로. 단테의 사랑이 참된 사랑으로 변모해야 함을 가르치기 위해. 그 만남을 통해 그녀의 본성, 하느님의 빛을 비추는 존재로서의 변모는 더 분명하게 드러난다. 하지만 『신곡』에서 선언하는 내용은 그전에 있던 모든 내용과 일치한다. 베아트리체와 처음 만났을 때 단테의 육체, 정신, 영은 각성했다. 그리고 이후 그녀와의 만남을 통해 그는 겸손과 순수한 사랑의 순간을 받았다(비록 이 상태는 오래 유지되지 못했지만 말이다). 요한에 이어 그리스도께서 등장하셨듯 지오반나에 이어 베아트리체가 등장했고 그녀를 통해 단테는 사랑의 완성을 맛보았다. 그러나 베아트리체가 세상을 떠난 뒤 단테는 혼란에 빠지고 방황한다. 세상의 일들이 그를 흔들고, 마음은 길을 잃는다. 단테는 상상 속에서 자신을 한 거대한 산기슭, "어두운 숲"에 있는 이로 묘사한다. 그 산은 모든 기쁨의 원인이자 계기다. 그는 산을 오르려 하지만 실패한다. 쾌락과 아름다움과 젊음의 상징인 표범, 힘과 오만과 중년의 상징인 사자, 탐욕과 공허와 노년의 상징인 늑대가 그를 막아선다. 이들(단테가 이해한 시간의 세 얼굴)은 단테를 (시간의 한계를 넘어 솟아 있는 듯한) 산에서 밀어낸다. 결국 그는 "태양이 침묵하는 곳"dove il sol tace, 햇빛조차 닿지 않는 어두운 곳으로 들어간다. 그곳에서는 베르길리우스조차 희미한 유령처럼 보인다.

베르길리우스는 여전히 베르길리우스다. 그는 단순한 시인이 아니라 시와 지혜, 제도와 로마 제국의 질서를 상징한다(실제로도 그랬다). 하지만 그가 결코 닿을 수 없는 한 가지가 있다. 바로 성육신, 하느님의 은총이다. 단테는 그 은총 없이는 산에 오를 수 없음을 깨닫고, 이 사실이 (『새로운 인생』에서 베아트리체의 죽음이 단테의 사랑을 더 깊게 만들었듯) 자신의 영혼을 성숙시키는 불가피한 과정임을 받아들인다. 그는 죄에 대해 알고 지성을 잃은 사람들이 있는 지옥을 지나 멀리 돌아가야 한다. 지옥을 지나는 여정의 끝에서 그는 산으로 향하는 또 다른 길을 찾게 된다. 그리고 그 길에 오를 때 단테는 "사랑을 북돋우는 아름다운 행성", 베누스(금성)의 빛 아래서 있다. 이제 그는 모든 죄, 특히 교만을 정화해야 한다. 연옥에서 그는 사랑의 본성과 그 사랑을 병들게 하는 죄들(시기, 질투, 교만)에 대한 베르길리우스의 가르침을 받는다. 이윽고 단테는 산 정상, 지상 낙원인 에덴에 도달한다. 그곳에서 그는 하늘에서 흘러나오는 행렬, 곧 교회의 행렬을 본다. 그리고 그 행렬의 마지막에는 중심인물인 베아트리체가 있다. 사실상 그 행렬은 베아트리체의 행렬이었던 것이다. 단테는 베아트리체를 보며 "옛사랑의 거대한 힘", "옛 불꽃의 뜨거운 불씨"를 느낀다. 그리고 단테의 모든 시 가운데, 아니 이 세계의 모든 시 중 가장 위대한 구절이라 불릴 만한 대답을 듣는다.

> 잘 보아요, 나예요 나, 베아트리체 Guardami ben, Io son, io son Beatrice.

이후 그는 선에 대한 완전한 앎을 회복한다. 레테의 강물을 마셔서 악을 악으로 아는 앎을 지워버리고, 에우노에 강물을 마셔서 선을 (심지어 악까지도) 새롭게 선으로 알게 된다. 두 강 사이에서 단테는 그리스도의 두 본성을 지닌 그리프스를 응시하는 베아트리체를 본다. 그리고 그녀의 눈에 비친 두 본성을 본다. 베아트리체의 눈은 예전 그대로다. "사랑이 화살을 쏘기 시작한" 바로 그 눈이다. 천사들과 예언자들, 복음서 저자들, 온갖 덕으로 둘러싸인 자리에서 그는 낭만적 사랑이 구원자 그리스도의 신성과 인성을 반영하고 있음을 본다. (단테와 셰익스피어의 표현을 합치면) 영혼이 가장 커다란 만족을 느끼는 바로 그곳에서 가장 커다란 갈망이 일어난다. 이제 그는 하늘, 첫 번째 천국에 들어간다. 그곳에서 단테는 피카르다Piccarda를 만나고 더 높은 곳에 있는 이들을 부러워하지 않느냐고 묻는다. 그녀는 대답한다.

> 형제여, 사랑의 힘은 우리의 의지를 평온하게 하니,
> 우리는 우리가 가진 것만 원하고
> 다른 것에 목말라 하지 않습니다. …
> 여기서는 사랑이 운명입니다.

이제 단테는 하늘에서 모든 사랑의 교감이 열리는 것을 본다. 그러나 엄밀히 말해 그가 보고 있는 광경은 더 분명하고 강렬하게 드러난 형태일 뿐, 본질은 땅에서의 형태와 다르지 않다.

피렌체의 거리에서 베아트리체가 그에게 미소 지으며 "좋

은 아침"이라고 인사하던 바로 그 순간에도 같은 일이 일어나고 있었다. 그 짧은 순간이야말로 낭만적 사랑의 신학과 교회의 신학, 곧 인간의 사랑과 하느님의 사랑을 하나로 이어주는 다리였다.

『새로운 인생』의 어느 대목에서 베아트리체는 단테를 외면한다. 그에 대해 좋지 않은 소문을 들었기 때문이다. 단테가 인사를 하자 그녀는 인사를 거절하고, 단테는 크게 낙심한다. 그 후, 그는 환상 가운데 사랑을 본다. 사랑이 그에게 말한다.

> 나는 원의 중심이어서 원의 둘레에 있는 모든 것은
> 나와 동일하게 관계를 맺고 있다.
> 그러나 너는 그렇지 않다.

사랑은 말의 뜻을 더 설명하지 않았다. 그러나 베아트리체의 인사를 받을 때마다 단테의 마음에서 겸손과 선의가 피어올랐어도 그녀가 인사를 거절하자 곧바로 그는 반대편으로, 불안과 상처와 자의식으로 떨어졌음을, 그의 복, 곧 하느님 안에서의 평화가 사라졌음을 우리는 알고 있다. 물론 사랑 그 자체는 그런 상황에 휘둘리지 않는다. 감정이나 외부의 변화에 흔들리지 않은 채 변함없이 중심에 머물러 있다. 이 사랑, 『새로운 인생』에 나오는 사랑을 꼭 그리스도와 동일시할 필요는 없다. 후반부에서는 그렇게 볼 수 있지만 말이다. 다만 분명한 것은 이 사랑이 하느님의 사랑으로 가득 차 있어 존재의 중심에 있으며 인사나 거절, 관계나 감정 같은 주변의 흔들림에 영향을 받지 않는다는 것이다. 단테는 그 중심에 이르지는 못했다. 그는 여전히 원의 둘레, 원 안으로 나아가는 길 위에 서 있다. 비슷한 시기에 보나벤투라Bonaventura는 말했다.

> 하느님은 중심이 어디에나 있고 둘레는 어디에도 없는 원이시다.

이 은유가 보여 주는 영혼의 길은 분명하다. 단테는 원의 둘레 위에 있다. 그곳에서 일어나는 일들은 끊임없이 그를 흔들고, 그는 그 일들과 일정하고 변함없는 관계를 맺지 못한다. 대신 그는 그 중심을 본다. 『새로운 인생』에서 사랑은 그 중심에 있다. 사랑은 둘레에 있는 모든 점, 즉 모든 시간 및 경험과 동등하게 연결되어 있다. 단테는 상황이 좋을 때만 겸손과 선의로 사랑에 응답했다. 하지만 사랑 그 자체는 상황이 어떠하든 사랑으로 응답한다. 그리고 그 너머에는 더 높은 상태가 있으며 그곳에는 사실상 둘레가 없다. 혹은 둘레 속 모든 점이 중심이다. 둘레 자체가 사랑이기 때문이다. 그곳에서 관계는 오직 중심과 중심 사이에서만 이루어진다. 이것이 바로 하늘의 사랑, 천국에서의 사랑이다.

지금까지 한 이야기는 단테의 수많은 생각 중 극히 일부에 불과하다. 그는 가장 위대한 (형이상학을 제시한 사람임과 동시에) 시인일 뿐 아니라 유럽에서 '낭만적 사랑의 길'을 가장 깊게 탐구한 사람이었다. 물론 그가 쓴 언어는 그가 속한 시대와 신학이라는 틀에 매여있다. 그러나 그 틀을 거부하더라도 그가 걸었던 사랑의 길을 따라갈 수 있다. 단테의 언어를 그대로 쓰지 않더라도 우리가 말하는 사랑의 길의 깊이와 높이가 단테보다 얕거나 낮아서는 안 된다. 하느님의 이름을 애써 쓰지 않아도 이 사랑의 길을 따를 수는 있다. 그러나 진정으로 그 길을 따르려면 결국 가장 높고 넓은 차원의 사랑, '자애'caritas로 나아가야 한다. 또한 우리는 이 세상, 물질에 하느님의 뜻과 능력이 스며들어 있음을 인정해야 한다. 그리고 이를 분명하게 선언한 종교는 그리스도교뿐이다.

하느님의 이름과 개념을 유지하고, '사랑에 빠지는' 고양된 경험에 대한 공통된 이해를 지니고 있다면 그 경험을 하느님 나라의 성육신과 연결할 수 있다. 메시아께서 제자들을 가리키시며 "보아라, 나의 어머니와 나의 형제들이다"(마태 12:46)라고 말씀하셨을 때 그분은 사랑과 순종 안에서 하느님의 생명이 태어난다는 신비로운 질서를 정확히 표현하셨을 따름이다. 여성이든 남성이든 사랑의 대상은 하늘의 빛 속에서, 선에 대한 하늘의 앎과 경험 가운데서 보이게 된다. 그리스도는 영혼 안에, 기쁨 가운데, 두려움 가운데, 만물을 새롭게 하는 기적 가운데 계신다. 그리고 말씀하신다.

> 보아라, 내가 모든 것을 새롭게 한다. (계시 21:5)

사랑하는 이들 사이에서는 신비롭게도 아이가 태어나고, 그 아이가 그들을 붙들고 지탱한다. 그러한 면에서는 그들이 아이의 자녀이며 사랑 그 자체의 자녀라 할 수 있다. 사랑은 단순한 감정이 아니라 계시의 사건, 하늘의 생명이 인간의 관계로 구현되었다 다시 하늘로 되돌아가는 신비로운 운동이다.

> 우리는, 우리가 아는 것을 말하고, 우리가 본 것을 증언한다. ... 하늘에서 내려온 이 곧 인자 밖에는 하늘로 올라간

이가 없다. (요한 3:11, 13)

물론 이런 신학 역시 다른 신학처럼 한계를 지니고 그 안에서 여러 오해나 극단적인 해석, 이단적인 해석이 생길 수 있다. 이를테면 어떤 사람들은 사랑하는 사람을 지상의 교회처럼 불완전한 현실로 보지 못하고 완전한 존재로 신격화할 수 있다. 그 사람의 인간성은 여전히 매우 불완전하다. 한편 아무리 숭고한 사랑이라 해도 그 사랑이 연인으로 하여금 상대의 게으름이나 경박함, 악의조차 모른 척하게 만들어서는 안 된다. 상대는 이중의 속성을 지니고 있고, '나'는 사랑하는 사람을 이중의 시선으로 볼 수 있어야 한다.

누군가는 베아트리체의 죽음은 베아트리체의 부재를 의미하며, 그 영광이 사라졌으므로 사실 영광은 거짓이라고 말할지도 모른다. 그러나 그리스도께서 사라지셨다고 해서 그분의 사실성과 권위가 사라지지는 않는다. 그리스도의 변모, 그 찬란한 빛의 순간이 꼭 특별한 계시 체험으로만 드러나는 건 아니다. 조용히 기도하고 담담하게 살아가는 신앙의 삶에서도 그 영광이 드러날 수 있다. 노인들이 나누는 잔잔한 사랑과 오래된 믿음에서 피어난 따뜻한 마음도 그 영광과 맞닿아 있다. 조용한 신심, 온화한 애정도 하늘나라에서 제 자리를 차지한다. 하지만 그렇다고 해서 더 생생한 형태의 영광과 은총을 희생시킬 필요는 없다. 이러한 사랑을 잊어버린 이들, 아직 경험하지 못한 이들이 이를 부정하거나 폄하한다고 해서 이 사랑의 참됨과 권위가 실제로 줄어들지는 않는다.

교회의 성직자들은 이 낭만적 사랑의 길을 폄하하는 경향이 있다. 안타까운 일이다. 그들은 본능처럼 '언약 밖의 은총', 즉 교회 밖에서도 하느님의 은총이 임할 가능성에 대해 주저하기 때문에 틀린 말을 하기보다는 옳은 말을 잘못된 어조로 전하곤 한다. 한 가지 도덕규범에 집착하다 다른 규범, 혹은 진리를 소홀히 하게 되는 경우도 있다. 교회의 기초가 되신 분께서 당시 종교 지도자들을 두고 하신 말씀을 보면 그분 역시 성직자들에게 큰 기대를 하지는 않으셨던 것 같다. 그리스도께서 교회에 주신 약속은 "죽음의 문들이 교회를 이기지 못할 것"(마태 16:18)이라는 말씀 정도였다(교회의 역사를 돌아보면 그 약속만큼만은 지켜지고 있는 것 같다).

지옥은 낭만적 사랑의 길에 세 가지 공격을 가했고, 그 결과 만들어진 생각은 아래와 같다.

(1) 이 사랑이 그 속성상 끝없이 계속될 것이라는 생각

(2) 낭만적 사랑은 순전히 개인적인 것이며 개인이 소유할 수 있다는 생각

(3) 낭만적 사랑만으로 충분하다는 생각

하느님 나라의 다른 길들에도 늘 비슷한 위험이 있었다. 일례로 런던에 한 교회 관리인이 살고 있었다. 그는 평생 자신이 참된 그리스도인이라고 믿었다. 그러던 중 어느 날 그는 그리스도께서 모든 사람을 위해 죽으셨다는 가르침을 곱씹어 보았다. 그리고 그 '모든 사람'에는 자신이 몹시 싫어하는 사람, 경멸하는 사람들도 포함된다는 사실을 깨달았다. 관리인은 이를 받아들일 수 없었고, 그리스도교 신앙을 버리고 자기감정에 더 솔직해지기로 했다. 이런 식의 오류는 '낭만적 사랑의 길'에도 존재한다.

(1) 베아트리체의 상태가 끝없이 계속될 것이라는 생각은 잘못이다. 올바른 신앙은 이렇게 보게 한다. 이 상태는 영원의 속성을 지니고 있지만, 그리스도의 지상 생애가 그러하듯 눈에 보이는 형태로 계속되지는 않는다. 사랑에 빠지는 경험이 너무나 아름다워 사람들은 손쉽게 이 경험을 또 할 수 있을 거라고, 혹은 끝없이 계속될 거라고 생각하는 경향이 있다.

하지만 그렇지 않고, 그렇지 않더라도 그런 사랑이 지닌 권위는 결코 손상되지 않는다. 또한 처음 사랑이 타올랐을 때 감정에 휘말려 맺은 서약은 현실에서 유지되기 힘들며 바람직하지도 않다. 하지만 사랑에 빠진 순간 사람들이 이 관계 안에서 하느님의 사랑으로 나아가는 실험을 계속 이어가고 싶어 한다는 점은 주목할 만하다. 분명 어떤 형태로든 서로에 대한 충실함과 서약은 이 실험의 필수 조건이다. 교회는 (특정 조건 아래서는) 이런 충실함과 서약이 결혼과 마찬가지로 최종적이어야 한다고 가르쳤다. 더불어 낭만적인 사랑이 결혼으로 이어질 수 있듯 결혼 또한 더 깊은 사랑으로 나아가는 길이 될 수 있다고 올바르게 말했다. 인간이 사랑을 통해 자애로 자라는 것이 인생에서 가장 고귀한 길이라면, 교회가 그 사랑을 지키고 인도하기 위해 세운 규율과 훈련은 정당하다고 할 수 있을 것이다(물론 교회도 자신의 입장을 지키기 위해 때로 근거를 과장하거나 왜곡할 수 있고 실제로 그랬다. 하지만 그 정도가 다른 기관이나 제도보다 특별히 심하다고는 볼 수 없다).

결혼이라는 주제는 낭만적 사랑과는 또 다른 문제이며 여기서 다루기에는 너무 고귀한 주제다. 영광의 출현, 곧 사랑의 환희는 잠시뿐이지만 그 짧은 체험은 인간의 사랑이 거룩해질 수 있다는 확신을 남기며 그 확신과 진리는 영원히 유효하다. 사랑이 머금고 있는 영광은 변치 않으며 궁극적으로는 그리스도를 통해 드러난 하늘의 영광과 동일하다.

(2) 두 번째 잘못된 가정은 사랑의 상태를 개인이 소유할 수 있다고 생각하는 것이다. 즉, 사랑이 사랑받는 이의 장식품임과 동시에 사랑하는 이의 소유물이라고 여기는 것이다. 처음 사랑에 빠졌을 때, 달리 말하면 겸손의 상태에 있을 때는 이런 착각이 일어나지 않는다. 하지만 (종교에서 흔히 그러하듯) 타락한 인간에게는 계시와 영광마저 자신의 소유로 여기려는 경향이 있다. 감정이 그런 거짓된 생각에 굴복하면 지성도 이를 억누르지 못하거나 오히려 그 거짓을 정당화하는 데 쓰인다. 거룩한 상태에 이르기 전까지 우리에게는 설령 사랑에 빠진 상태라 할지라도 어느 정도의 교만과 소유욕이 섞여 있다. 낭만적 사랑에 관한 신학의 기본 원리에 따르면 사랑이 연인들에게 속한 것이 아니라 연인들이 사랑에 속한 것이다. 연인에게는 사랑이 그들의 일이고 길이며 구원이다. 그렇기 때문에 시기나 질투는 단순한 감정이 아니라 사랑을 거스르는 치명적인 죄mortal sin가 된다. 이때 질투란 꼭 연인 간의 질투만을 뜻하지 않는다. 한번 사랑이 머금은 영광과 권위를 인정하면 모든 시기와 질투(당연히 여기에는 연인 간의 질투

도 들어간다)는 곧 자애의 정신과 길에 반하는 것이 된다. 직장에서는 누군가에 대한 질투를 억누르고 집에서 마음껏 누군가를 질투할 수는 없는 법이다. 질투는 언제 어디서나 우상 숭배다. 질투는 영광을 자기만의 것으로 붙잡으려는 욕망이며 엄밀히는 영광을 경배하는 것이 아니라 영광과 자신의 관계를 경배하는 것이다. 오해를 피하기 위해 덧붙이면 엄격한 일부일처제 지지자도 다른 누구 못지않게 질투를 거부해야 한다. 둘은 완전히 별개다. 교회가 이혼을 비난하던 만큼 질투를 단죄했다면 우리는 적어도 지성의 차원에서라도 순수한 사랑을 좀 더 알게 되었을지 모른다.

시기는 단순히 감정이 아니라 사랑을 나의 소유로 만들려는 시도이며 그러한 면에서 하느님 나라를 사유화하는 행위다. 시기에 사로잡힌 사람은 사랑의 관계, 은총의 빛을 자기 안에만 붙잡아 두려 한다. 하지만 그렇게 움켜쥐는 순간, 그 관계와 빛은 파괴되며 이로써 그는 세상에서 사랑을 볼 수 있는 눈을 잃는다.

본질상 선의goodwill를 파괴하는 죄는 선의가 어긋난 죄보다 훨씬 더 악하다. 둘에 대해 베르길리우스는 전자는 지성의 선을 잃은 이들이 눈물 흘리는 지옥에 있고, 후자는 세상에서 살았을 때의 죄를 씻는 연옥의 산에 있다고 말했다. 진정으로 사랑을 본 사람에게 허락된 상태는 단 하나, "사랑의 불꽃"뿐이다.

(3) 세 번째 가정은 앞의 둘보다는 한결 단순하다. 바로 사랑의 상태를 한 번 경험하면 그걸로 충분하다는 생각이다. 일종의 칼뱅주의 확신에 사랑의 감정이 사로잡힌 것이다. 이런 사람은 사랑의 빛을 보면 이미 다 이룬 것처럼 거기서 멈춰버린다. 자신이 선택받은 사람이라고 느끼며 아무런 감정도 남지 않게 될 때까지 그러한 확신에 머문다. 물론 이런 사람 역시 어떤 의무감, 이를테면 가난한 사람을 돕고 다른 이들에게 유익한 존재가 되어야 한다는 느낌을 가질 수도 있다. 그러나 "모든 소유를 나누어줄지라도 … 사랑이 없으면 … 아무런 이로움이"(1고린 13:3) 없다. 사랑에 빠지면 사랑이 되고자 해야 한다. 사랑하는 이를 향해 사랑이 되고, 모든 사람을 향해 사랑이 되어야 하며, 결국 (주님께서 말씀하셨듯) 완전해져야 한다. 그렇지 않으면 우리는 결국 조지 매러디스 George Meredith의 소설 『이기주의자』The Egoist 속 (자신을 숭배하는 사람의 전형인) 윌러비 패턴과 같은 사람이 된다. 그리고 현실에서 그런 사람은 작품 속 윌러비 패턴보다 훨씬 더 불쾌하다.

'나'의 사랑을, 그리하여 '나'를 절대화하고 신격화하려는 경향에 건강한 균형을 제시한 이는 셰익스피어다. 그는 '인간'의 사랑의 한계와 건전한 대안을 제시했다. 셰익스피어는 단테의 길을 쫓는 이들이 빠지는 어리석음을 바로잡는 영원한 교정자다. 그는 사랑과 신앙을 돌이켜 볼 때 너무 깊이 파고들지 말라고, 그렇게 되면 그런 자신을 미화하게 될 수도 있다고, 그저 조금 얼굴이 붉어질 정도로 자신이 얼마나 우스꽝스럽고 미숙했는지를 깨닫고 이를 인정할 수 있는 정도면 충분하다고 우리에게 말한다.

하지만 개인의 오류와는 무관하게 그 사랑의 경험이, 그 사랑이 일으킨 전망이 남는다. 이는 남녀의 사랑을 비롯해 특정한 형태의 사랑에 한정되지 않는다. 오늘날 '사랑'이라는 말은 지나치게 많이, 너무 가볍게 쓰여 진정성 있게 들리기보다는 감상과 위선의 빛깔을 띠게 되었다. 그러나 어떤 열매가 맺히든 은총은 은총으로 남아 있다. 겸손과 선의를 서로에게 전할 때 둘은 실재의 은총, 하느님 나라의 은총을 체험한다. 하느님 나라가 하늘에서 내려와 육신을 입었다. 그때부터 (그리고 이 사건으로 인해 그 이전부터) 하늘나라는 육체가 기쁨을 누릴 때 보이기 시작했다. 인간의 몸과 감각, 이를 통한 환희에서 하느님 나라가 비치기 시작한 것이다. (인간이

신학으로 본 낭만적 사랑 | 177

든 사물이든) 사랑하는 존재는 사랑의 어머니, 즉 사랑이 피어나는 자리가 되었다. 사랑은 영혼 안에서 태어난다. 그곳에서 산다. 그곳에서 수난을 받을 수도 있으며, 그곳에서 부활할 수도 있다. 그 사랑은 신성과 우리의 신성하지 않은 본성을 하나로 결합한다. 이러한 관점에서 보면 복음서의 말들이 새롭게 들린다. 그 안에 담긴 성육신의 신비가 사랑이라는 인간의 경험에서 다시 살아나기 때문이다. 이제 한 사람의 마음속 깊은 곳에서뿐 아니라 세상 한가운데서도 '모든 사람을 비추는 빛'을 볼 수 있게 되었다. 그럴 수 있는 이유는 하늘나라의 본성이 바로 그러하기 때문이다. 하느님 나라는 하늘의 빛이 땅에서, 영혼이 육체에서, 하느님이 인간에게서 드러나는 것이다.

VI

대속하는 사랑의 실천

요한복음서에서 요한은 하느님 나라의 승리를 앞두고 메시아께서 남기신 짧은 말씀들을 배열해 놓았다. 그중에는 이런 말씀이 있다.

> 사람이 자기 친구를 위하여 자기 생명을 내놓는 것보다 더 큰 사랑은 없다. (요한 15:13)

곰곰이 생각해 보면 이 말씀은 조금 의심스럽다. 순간 목숨을 내놓는 사람도 있지만 매일 끈질기게, 부드럽고 성실하게 사랑을 이어 나가는 사람들도 많고 그런 사랑이 오히려 더 어려울 수 있기 때문이다. 이 구절은 다른 뜻으로 새겨야 한다. "더 큰 사랑"은 자신을 완전히 내어주는 사랑이다. 시나이 산에서도 비슷한 선포가 이루어졌던 적이 있다.

> 너에게 나의 얼굴은 보이지 않겠다. 나를 본 사람은 아무도 살 수 없기 때문이다. (출애 33:20)

참된 사랑, 참 하느님을 감내하려면 자기를 온전히 내려놓아야 한다. 복음서에서 "생명을 내놓는 것"이 반드시 육체의 죽음을 뜻하지는 않는다. 그럴 때도 있지만 언제나 그렇지는 않다. 메시아께서 "누구든지 나와 복음을 위하여 제 목숨을 잃는 사람은 구할 것이다"(마르 8:35)라고 말씀하셨을 때 그분은 이 약속을 순교자에게만 하신 것이 아니다. 순교한 야고보만 이 약속을 받은 것이 아니라 살아남은 요한 역시 이 약속을 받았다. 순교는 일어날 수도 있고 일어나지 않을 수도 있다.

앞에서도 인용한 구절에서 사도 바울은 사랑을 동반하지 않은 순교는 아무런 가치가 없다고 단언했다.

> 내 몸을 넘겨줄지라도, 사랑이 없으면, 내게는 아무런 이로움이 없습니다. (1고린 13:3)

바울에 따르면 자기 희생 그 자체는 자기 탐닉만큼이나 구원의 길과 거리가 있다. 물론 삶의 기술로, 훈련으로, 방법으로는 유익할 수 있다. 인간이 기쁨을 누리기 위해 하는 일, 자기 탐닉까지는 아니나 만족을 위해 하는 일이 그러하듯 말이다. 사랑을 통해 자신이 즐거움을 얻는다고 해서 그 사랑을 덜 거룩하거나 이기적이라고 판단해서는 안 된다. 유대인이냐 그리스인이냐가 중요하지 않듯 자기 희생이냐 자기 만족이냐는 중요하지 않다.

> 누구든지 그리스도 안에 있으면, 그는 새로운 피조물입니다. 옛 것은 지나갔습니다. (2고린 5:17)

자기 희생도, 자기 만족도 그 자체로는 아무것도 아니다. 둘 모두 사랑의 성사 sacrament of love가 될 수 있지만 어느 것도 절대적인 규범은 아니다. 참된 자기 부인 denial of the self은 둘 모두에 영향을 미친다.

> 이제 살고 있는 것은 내가 아닙니다. 그리스도께서 내 안에서 살고 계십니다. (갈라 2:20)

이 말이야말로 둘(자기 희생, 자기 만족)을 대체하는 순수한 생명, 삶에 대한 정의다. 그리스도께서 가장 무력해 보이던 순간, 사람들은 그분을 조롱했다.

> 남은 구원하면서, 정작 자신은 구원하지 못하는 구나. (마태 27:42)

이 말은 중세 스콜라 학자들의 정의만큼이나 정확한 신학 진술이다. 메시아께서는 행동하지 않음으로써(자신을 구하지 않음으로써, 폭력을 되갚지 않음으로써, 권능을 행사하지 않음으로써) 하늘나라의 방식을 땅에서 작동시키셨다. 그에 앞서 그분은 스스로 고난과 무력함의 길을 필연적인 길로 받아들이셨다. 자신을 구하지 않고 남을 구함으로써 그분은 세상에서 작동하는 하늘나라를 명확하게 정의하셨다. 그 순간, 인간 세상은 처음으로 대속을 발견했다.

그때까지 땅, 세상은 법의 통제 아래 있었다. 그러나 십자가 사건을 통해 인류는 비로소 법의 한계와 대속의 필요성을 깨닫게 되었다. 법이 완전해지려면 법을 지키든 어기든 상관없이 그 법으로 인해 쌓인 모든 무거운 짐을 하늘에서 내려온 거룩한 존재가 대신 짊어져야 한다는 것을. 또 세상은 새로운 나라의 법이 바로 그 대속을 기본 원리로 삼았음을, 즉 서로가 서로의 짐을 지는 보편적 교환의 원리야말로 하느님 나라의 원리임을 알게 되었다.

대속의 첫 번째 규칙은 이미 인류의 기원 신화에서 선포된 바 있다. 그때 신화는 인간이 인간을 책임져야 한다는 법을 세웠다. 그 법은 '선과 악에 대한 앎'에서 하느님과 하나였던 아담이 아니라, 타락으로 인해 분리와 고통 속에 살게 된 인간, 곧 잉태의 슬픔과 노동의 수고 안에서 태어난 아담의 첫 번째 아들을 향해 작동했다. 그 아들이 가인이었다. 낙원 밖, 곧 하느님과의 일치가 끊어진 세계에서 인간들의 결합으로 나온 그는 사랑하는 이들의 마음에 숨어있는 불안한 욕망, 하느님의 영광을 어지럽히는, 자기 자신을 중심에 두려는 욕망의 영을 몸으로 드러낸 존재였다.

그의 (그리고 지금까지 모든 인간의) 본성에는 선을 거스르려는 경향, 어떻게든 악에 대한 앎으로 선을 어지럽히려는 욕망이 있다. 가인은 단지 동생을 죽였을 뿐 아니라 부모인 아담과 하와가 수치심 가운데 진실로부터 도망치면서 만들어낸 기만을 이어가려 했다. 그는 말을 '꾸몄다'. 인류 역사상 최초로 거짓을 다르게 포장한 말이 등장했다. 그리고 대다수 사람은 인생을 살며 한 번은 이런 말을 하게 된다.

대속하는 사랑의 실천

제가 아우를 지키는 사람입니까? (창세 4:9)

그러자 하느님께서 말씀하신다.

너의 아우의 피가 땅에서 나에게 울부짖는다. (창세 4:10)

그리고 그분의 답은 언약의 법으로 제정되었다.

(나는) 각 사람의 형제의 손에서 사람의 생명을 요구하겠다. (창세 9:5)

가인의 단독 폭정이 이집트와 이스라엘의 사회적 폭정으로 발전하자 율법은 사회 정의를 강조하는 예언자들의 외침과 결합했다.

"정의를 찾아라. 억압받는 사람을 도와주어라. 고아의 송사를 변호하여 주고 과부의 송사를 변론하여 주어라. … 어찌하여 너희는 나의 백성을 짓밟으며, 어찌하여 너희는 가난한 사람들의 얼굴을 마치 맷돌질하듯 짓뭉갰느냐?" 만군의 하느님이신 주님의 말씀이다. (이사 1:17, 3:15)

로마가 적어도 베르길리우스가 노래한 정의로운 질서에 가까운 사회를 이루려 노력하던 시기에 세례 요한은 모든 계층과 개인에게 회개와 책임을 요구하는 도덕의 복음을 선언했다. 그의 외침은 처음에는 베르길리우스가 말하는 정의의 복음처럼 들렸지만, 실제로는 그보다 훨씬 더 먼 곳, 곧 하늘나라를 바라보고 있었다. 그리고 메시아께서는 자신의 복음을 따르는 모든 이가 요한이 외쳤던 정의와 회개의 요구를 삶으로 이루기를 바라셨고, 몸소 그 길을 완성하셨다. 이제 선택의 몫이 인류에게 남았다. 그 길을 택할지, 거부할지.

하지만 새로운 나라, 하느님 나라의 근본적인 관심은 인류의 선택 그 자체보다 좀 더 깊은 곳, 바로 인간을 대신해 자신을 내어준 그 사랑, 그리고 바로 그 사랑의 방식으로 서로를 사랑하게 될 인간들의 사랑에 있었다.

더는 눈에 보이지 않게 되셨을 때, 그리스도께서는 이 땅에 서로 하나 된 집단을 남기셨다. 교회를 창조하신 것이다. 사도행전 2-4장을 보면 교회에는 매우 이른 시기부터 분명한 신앙고백과 의례가 있었다. 퍼져나가면서는 조직을 갖추어야 했고, 근본적인 문제들에 대해 결정을 내려야 했다. 특히 중요한 질문은 '우리는 정확히 무엇을 믿는가?'였다. 교회는 공의회를 열어 각 지역 교회가 실제로 무엇을 믿고 있는지 함께 확인했다. 공의회를 마치고 각 지역 교회에 보낸 내용은 사실상 이랬다.

> 우리는 어떤 진리를 새로 만들지 않았습니다. 다만 우리는 교회가 실제로 믿는 바가 이러함을 확인했습니다.

시간이 지나며 교회가 믿는 것과 진리는 거의 같은 것으로 여겨지게 되었지만 처음부터 그러지는 않았다. 둘을 잇는 방법과 사유하는 방식에는 차이가 있었다. 때로는 공의회의 결정이 받아들여지지 않을 때도 있었으며, 그럴 때는 그 공의회는 참된 공의회가 아니었다는 식으로 논의가 정리되곤 했다. 어떻게 그런 판단이 가능했는가? 그리스도교인들은 교회 안에서 만물을 하나로 화해시키는 거룩하고 영원한, 더 큰 힘이 작동하고 있다고 믿었기 때문이다. 그 힘은 교회가 스스로 만드는 것도 아니었고 어떤 자격이 있어서 받은 것도 아니었다. 초기부터 교회는 죄 없는 사람들의 조직이 아니라 죄인들의 공동체였고, 숙달된 자들의 연합이 아니라 숙달되지 못한 이들의 모임이었고, 깨달은 이들의 모임이 아니라 여전히 어둠에 있는 사람들의 모임이었다. 그럼에도 교회에는 교회의 소유가 아닌 어떤 힘이 작용하고 있었고 그 힘이 무엇인지 교회는 알고 있었다. 그 힘은 화해시키는 분의 힘이었다. 그분은 시간과 영원을 아우르셨으며 하늘과 땅을 잇는 절대적인 하느님이자 본질적인 인간이었다.

> 그분이 존재하지 않던 때가 있었다고 말하는 자는 저주받으리라.*

교회는 그리스도를 단순한 역사적 인물이 아니라 영원한 하느님-인간으로 고백했다. 이로써 인류에게는 새로운 길, 만물을 하느님 안에서 기쁨으로 아는 앎으로 돌아가는 길, 타락 이전의 앎과 사랑을 되찾는 새로운 길이 열렸다. 하지만 길이 열린 것만으로는 충분하지 않았다. 새로운 길을 가려면 새로운 자아가 필요했다. 새로운 길이 열렸지만 그 길을 걸어갈 새로운 자아가 온전해지지 않은 것, 이것이 그때나 지금이나 교회가 겪는 가장 어려운 문제다. 교회의 문제일 뿐 아니라 회심 이후 인간이 겪는 가장 어려운 문제이기도 하다.

인간의 의식에는 세 단계가 있다. 첫째는 옛 자아가 옛 길

---

* 니케아 신경 뒤에 나오는 문장이다.

을 걷는 단계이고, 둘째는 옛 자아가 새로운 길을 걷는 단계이며, 셋째는 새로운 자아가 새로운 길을 걷는 단계다. 현실에서 대다수 교인은 두 번째 단계에 있으며 '나'도 마찬가지다. 우리가 아는 나는 '옛 자아'의 그림자이며 새로운 나를 알지 못한다. 그래서 여전히 '나'가 중심에 있다. 겉으로는 이타적일지 몰라도 아직 자기를 부인하지는 못한다. 예전에는 '나'를 위해 열심히 살았다면 이제는 '믿음'이나 '종교'를 위해 열심히 살지만 구조는 같다. 그 중심에는 열심히 노력하는 '나'가 있다. 분노, 탐욕, 두려움, 자만을 자신의 종교와 도덕을 위해 쓴다. 예전에 자신을 위해 살던 그 방식을 이제는 자신이 이해한 하느님을 위해 쓰는 것이다. 진심으로 나은 행동을 하려 애쓰기는 하나 존재의 뿌리부터 일어나는 진짜 변화까지는 바라지 않는다. 어쩌면 메시아께서는 바로 이런 열정적이지만 왜곡된 신심을 염두에 두고 "인자가 올 때에, 세상에서 믿음을 찾아 볼 수 있겠느냐?"(루가 18:6)고 물으셨는지도 모르겠다.

교회를 비판하는 사람들은 (정당하게도) 교회가 온전히 새로운 자아들로 이루어진 공동체가 아니라고 말한다. 그리고 다른 편에서는 (역시 정당하게도) 교회는 새로운 길 자체라며 교회를 옹호한다. '새로운 길 위에 선 옛 자아의 단계'가 변화에서 반드시 필요한 과정이라는 점에는 의심할 여지가 없다. 그러나 서신들로 판단하건대 사도들은 신자들이 그 단계에 머물러서는 안 된다고 생각했다. 그들은 그리스도께서 요구하셨듯 옛 자아에서 벗어날 것을 요구했다. 그 자아는 제거되고 새로워져야 했다. 포도나무의 가지가 되어야 했으며 무늬의 한 점이 되어야 했다. 사랑의 요소, 살아있는 조각이 되어야 했다. 그렇다면 사랑이란 무엇인가?

신약성서가 제시하는 수많은 정의 중 하나만 따라가 보자. 사랑한다는 것은 주고 다시 사는 것, 새로운 뿌리에서 살아나는 것이다. 낭만적 사랑에도 그런 순간, 자신이 새로워지는 순간이 있다. 단테는 이를 두고 본성의 혁신이라고 말했다. 물론 낭만적 사랑에서 이 경험은 그리 오래 유지되지 못한다(어떤 면에서는 유지되지 않기를 원하는 것일 수도 있다). 하지만 그 순간의 경험, 종교 여부를 가리지 않고 많은 사람이 겪는 바로 그 새로운 경험은 선택을 통해 이어져야 한다.

> 부름받은 사람은 많으나, 선택받은 사람은 적다. (마태 22:14)

하느님 나라는 우리 모두를 부르지만 그 부름에 응답하는 선택은 우리가 한다. 그리고 그 선택은 하느님과의 관계뿐 아니라 인간관계에도 영향을 미친다. 인간과 인간 사이의 사랑도 하느님께서 우리를 사랑하시는 방식을 닮아야 한다.

> 내가 너희에게 이러한 말을 한 것은, 내 기쁨이 너희 안에 있게 하고, 또 너희의 기쁨이 넘치게 하려는 것이다. (요한 15:11)

이러한 면에서 메시아를 기쁨으로 충만한 존재로 그리는 일이 드문 건 이상한 일이다. 하지만 사실이 그러하다. 다른 누구도 아닌 본인이 그렇게 말씀하셨다. 그리스도께서는 우리의 기쁨을 향해 나아가셨다.

> 내 계명은 이것이다. 내가 너희를 사랑한 것과 같이, 너희도 서로 사랑하여라. (요한 15:12)

요한의 첫째 편지도 같은 이야기를 전한다(이 부분은 개정표준판의 번역이 흠정역보다 훨씬 더 분명하게 그 뜻을 드러낸다).

> 그리스도께서 우리를 위하여 자기 목숨을 버리셨습니다. 이것으로 우리가 사랑을 알게 되었습니다. 그러므로 우리

> 도 형제자매를 위하여 목숨을 버리는 것이 마땅합니다. ... 우리가 서로 사랑하면, 하느님이 우리 가운데 계시고, 또 하느님의 사랑이 우리 가운데서 완성된 것입니다. (1요한 3:16, 4:12)

그리스도께서 우리를 사랑하셨듯 우리는 서로 사랑해야 한다. 그분이 그러하셨듯 생명을 내어주며 그 사랑이 완성되게 해야 한다. 대속의 행위로 우리는 서로 사랑해야 한다. 서로의 자리를 대신하고, 서로의 짐을 대신 져야 한다. 모든 삶은 서로를 대신해 사는 삶이 되어야 한다. 적어도 하늘나라의 삶은 그렇다. 하느님 나라의 삶과 그 밖의 삶의 차이는 바로 여기에 있다.

> 너희의 의가 율법학자들과 바리사이파 사람들의 의보다 낫지 않으면, 너희는 하늘나라에 들어가지 못할 것이다. (마태 5:20)

율법학자들과 바리사이파 사람들 중에서도 선하고 거룩한 이들은 많았다. 그렇다면 저 말씀은 과연 무엇을 의미하는가? 바로 대속으로서의 사랑, 서로를 대신 짊어지는 삶이다.

이 사랑은 율법학자들과 바리사이파 사람들의 율법에, 세례 요한의 복음에 없었다. 이 같은 맥락에서 그리스도께서는 말씀하셨다.

> 가서 요한에게 알려라. 눈먼 사람이 다시 보고 … 하느님 나라에서는 가장 작은 자라도 요한보다 더 크다. (루가 7:22, 28)

아주 오래전부터 교회는 적어도 한 가지 예식, 유아 세례에서 분명하게 이 대속의 원리를 드러냈다. 유아 세례는 박해 상황으로 인해 생겼지만, 꼭 그 때문만은 아니다. 유아 세례가 생긴 이유는 근본적으로 성사 자체가 '누군가를 대신하는 사랑', 대속의 성격을 지니고 있기 때문이다. 교회는 어른뿐 아니라 아기도 성사를 받을 수 있게 했지만 그 효력이 분명하게 발휘되려면 회개와 믿음이 필요했다. 그리고 그 책임은 대부모의 몫이었다. "모든 사람의 형제의 손에서 사람의 생명을 요구하겠다"(창세 9:5)는 말씀처럼 말이다. 이런 '대속의 서약'은 유아에게만 해당하지 않는다. 자신의 입으로 맹세할 때보다 다른 이의 입을 통해 고백할 때 더 진실하고 겸손하게 서약할 수 있는 이들도 있다. 물론 그런 일은 그의 동의와 깊은 바람 속에서 이루어져야 하지만 말이다. 교회는 신앙을 제도와 언어로 표현하지만 그 표현이 신자들의 실제 경험과 언제나 일치하지는 않는다. 그 간극은 교회의 오래된 문제다. 교회가 요구하는 회심이 교회 밖에서 일어나기도 하고, 교회를 통해 주어진다고 여겨지는 영적 양식 역시 교회 밖에서, 심지어는 교회에 적대적인 곳에서 주어지기도 한다. 하지만 그 역시 회심이고 양식이다. 보이지 않는 교회는 눈에 보이는 교회와 다른 방식으로 움직인다. 보이지 않는 교회는 보이는 교회가 필요로 하면서도 품지 못하는 이 땅의 회의와 반대까지도 포함하고 있다.

교회의 예식 중에는 세례의 대부모 제도가 바로 저 대속의 원리를 표현하고 있다. 초기 교회에 있던, 죽은 이를 대신해 세례를 받는 관습 역시 마찬가지다. 이러한 행위들은 모두 누군가의 믿음과 뜻이 다른 이의 헌신을 가능케 한다는 점을 가리킨다. 스스로 운명에 자신을 내맡기기보다는 이렇게 다른 사람의 손에 자신을 내맡기는 일이 더 단순하고 쉬운 길인지도 모른다. 하지만 그렇다고 해서 그 결과가 가볍거나 복되지 않은 것은 아니다. 어떤 면에서 이는 자기 부인의 한 형태다. 그러나 이런 일들은 어디까지나 거룩한 운명이 정하는 일이다. 시작이 어떠하든 신앙의 삶은 결국 서로를 위한 삶이다. 대속의 삶, 서로를 위한 삶은 특별한 순간이 아니라 일상에서 일어나는 사소한 친절로 드러날 수도 있다. 이를테면 누군가에게 자신의 책을 빌려주는 일도 영광스러운 하느님 나라라는 거대한 그물망을 짜는 한 가닥 실이 될 수 있다.

신약성서는 바로 이 원리를 가르쳤다. 이 원리를 따라 맺어지는 관계들은 자기를 부인하는 가운데 하늘의 질서, 사랑의 무늬를 드러낸다. 사도 바울은 신비로운 일기이자 사목 서신이자 우정을 담은 글이기도 한 편지에서 갈라티아 교회에 이렇게 말했다.

> 서로 남의 짐을 져 주십시오. 그렇게 하면 여러분이 그리스도의 법을 성취하실 것입니다. (갈라 6:2)

이 구절은 '욥의 인내'처럼 널리 알려져 있고, 신자들은 이 구절을 지키려 노력한다. 때때로 잘 되는 것처럼 보이기도 한다. 이런 일이 십여 번쯤 반복되면 슬슬 지치지만 말이다. 그리고 내면의 차원에서 타인의 짐을 진다는 것은 거의 불가능하다고 느낀다. 그러나 바울의 이 말은 눈에 보이는 도움뿐만 아니라 훨씬 더 넓고 깊은 사랑의 방식을 포함한다. 이 말은 그리스도의 법을 성취하는 행위, 즉 대속을 가리킨다. 다른 사람의 슬픔, 두려움, 불안도 대신 짊어지는 것이다. 누군가 이를 하면 사람들이 칭송하지만 실제로 하는 사람은 매우 드물다. 대속에 대해 우리는 신학 교과서나 얄팍한 영성 서적에서 잠시 보았을 뿐, 정작 그게 무슨 뜻인지 잘 모르며 수녀나 고백자(*믿음으로 인해 고문과 박해를 받은 이들), 성인들이나 그런 행동을 한다고 생각한다. 안타까운 일이다. 우리는 그저 우리의 "짐을 모두 하느님께 맡기"(1베드 5:7)라는 이야기에 만족한다. 하지만 주님께서는 그 짐을 맡기는 가장 좋은 방법은 그 짐을 누군가에게 건네주어 그가 대신 맡게 하거나, 혹은 다른 사람을 통해 당신께 맡기는 것이라고 말씀하셨다. 그렇게 해도 우리 자신이 해야 할 일이 있다. 바로 다른 이의 짐을 지고 그 짐이 하늘나라에 계신 분에게 옮겨지게끔 통로가 되는 일이다.

> 그리스도께서 사신 대로 또한 우리도 이 세상에서 그렇게 삽니다. (요한1서 4:17)

대속 행위, 사랑의 교환이라는 기술을 익히기 위해서는 훈련이 필요하다. 계약을 맺을 때처럼 세심한 분별과 지성이 필요하다. 사랑의 교환은 인간 사이의 약속과 신뢰 속에서 가장 뚜렷하게 드러난다. 그리고 사랑의 교환은 멀리 있는 원수보다는 가까이 있는 사람에게서부터 시작된다. 우리가 (주님께서 말씀하셨듯 언젠가) 원수와 화해해야 한다면, 가까운 친구와는 그보다 더 신속히 마음을 맞추어야 한다.

이 사랑의 계약은 세 가지 사항을 갖추어야 한다. 첫째는 짐을 아는 것이고, 둘째는 그 짐을 내려놓는 것이며, 셋째는 다른 이의 짐을 대신 지는 것이다. 어쩌면 메시아께서는 이런 의미에서 이 말씀을 남기셨는지도 모른다.

> 누구든지 나를 따라오려거든, 자기를 부인하고, 제 십자가를 지고, 나를 따라 오너라. (마태 16:24)

십자가에 달리는 일 자체는 오직 그분의 몫이지만, 우리에게는 그 방식을 따를 책임이 있다. 그분은 겉으로는 모순처럼 보이는 두 말씀을 던지셨다. 한편으로는 우리에게 십자가를 지라고 하셨고, 다른 한편으로는 "내 멍에는 편하고, 내 짐은 가볍다"(마태 11:30)고 하신 것이다. 십자가는 피하려 할 때가 아니라 기꺼이 받아들일 때 짐이, 현실이 된다. 그리고 그 짐은 나눌 때 가벼워진다. 우리가 지는 십자가가 가벼운 까닭은 그 십자가가 십자가형이 아니기 때문이다. 십자가를 지는 일은 신앙의 행위, 모든 것이 성취된 나라로 들어가기 위해 우리가 마지막으로 맡은 일이자 모든 것을 선하게 아는 하늘의 상태에 우리를 맞추는 것이다. 그리스도께 자신을 맡길 줄 아는 사람도 정작 형제에게는 맡기지 못하는 경우가 많다. 하지만 그런 태도, 주님께는 자신을 맡길 수 있으면서 형제는 신뢰하지 못하는 태도 역시 인간 본성의 일부다. 대속의 사랑은 바로 그런 불완전함을 감싸안는 방식으로 작동한다.

짐을 건넨 사람은 그 짐을 이제 다른 사람이 대신 짊어지고 있다는 사실을 기억해야 한다. 이제 그는 이를 믿고 평안히 머물러야 한다. "형제여, 사랑의 힘이 우리의 뜻을 고요히 만든다. 그곳에서 사랑은 우리의 피할 수 없는 운명이다." 짐을 받은 사람은 그 짐에 정신과 감정과 감각을 집중해야 한다. 그 짐을 알고, 상상하고, 받아들여야 한다. 그리고 하느님의 은총이 작동해 그 짐이 의외로 가볍게 느껴질 때 놀라지 말아야 한다. 우리는 메시아께서 하느님의 신비에 관해 하신 말씀은 옳다고 믿으면서도 일상의 평범한 진실들에 대해 말씀하실 때는 믿기 어려워한다. 우리는 짐이 무거울 거라고 예상하지만, 막상 들면 뜻밖에도 가벼울 때가 있다. 그리스도께서 말씀하셨듯 말이다. 이를 깨닫고 나면 그분이 엠

마오로 가던 두 제자를 왜 꾸짖으셨는지를 좀 더 잘 이해할 수 있다.

> "어리석은 사람들아. 예언자들이 말한 모든 것을 믿는 마음이 그렇게도 무디더냐. 그리스도가 마땅히 이런 고난을 겪고서, 자기 영광에 들어가야 하지 않겠는가?" 그리고 예수께서는 모세와 모든 예언자에서부터 시작하여 성경 전체에서 자기에 관하여 써 놓은 일을 그들에게 설명하여 주셨다.
>
> (루가 24:25-27)

짐을 주는 일이 짐을 받는 일보다 더 어려울 때도 있다. 그래서 이 관계에서는 짐을 주는 일이 받는 일보다 복되다고 말할 수도 있다. 물론 하늘나라의 정의로운 질서 안에서는 주는 일과 받는 일 사이에 본질상 차이는 없다. 모두가 사랑의 한 작용이다. 다만 짐을 맡기는 이는 더 큰 겸손과 지적인 자기 부인의 길로 나아갈 수 있다.

고대에도 지금도 위대한 이교 철학들이 있고 거기에도 훌륭한 덕목이 있다. 그 지도자들과 스승들 중에는 거룩하고 겸손한 이들도 많다. 하지만 자신이 "마음이 온유하고 겸손"(마태 11:29)하다고 외친 이는 없다. 또한 어떤 그리스도교

인도 그리스도의 자기 선언을 흉내 내지 않는다. 그러한 면에서 그리스도를 '따라야 할 본보기'로 여기는 복음과 '그 자체로 생명인 분'으로 믿는 복음 사이에는 무한한 차이가 있다. 마찬가지로 이타적으로 살아야 만족스러운 인생을 살 수 있다고 이야기하는 철학과 서로의 짐을 짊어지는 대속을 통한 사랑만이 세상을 견딜 수 있는, 인간답게 살 수 있는 유일한 길이라고 말하는 종교 사이에는 무한한 차이가 있다. 이때 자기 부인은 단순한 덕이 아니라 존재의 근본 원리, 형이상학이다. 그분은 세상을 뒤집으러 오셨다. 그리고 인간의 자존심은 이를 견디지를 못한다. 그래서 대다수 인간은 자신의 불행을 내려놓기보다는 붙잡는 쪽을 택한다. 불행을 하느님께 내어드릴 수 있다는 이야기를 믿지 못한 채 불행에 머물기를 택한다.

물론 사랑에도 필요한 기술이 있다. 남의 짐을 대신 지려 한다면, 설령 그가 짐을 다 맡기지 않는다 해도 '나'는 모든 짐을 짊어질 각오를 해야 한다. 이런 말은 감상적으로 들리기 쉽다. 하지만 성서에서 하느님께서는 말씀하신다.

> 각 사람의 형제의 손에서 사람의 생명을 요구하겠다. (창세 9:5)

우리는 서로의 삶에 대해 실제적인 책임이 있다. 우리가 이 사랑의 약속을 의도적으로 잊거나 외면한다면 그리스도께서 그 짐을 대신 짊어지실 것이다. 대신 악조차 선으로 아는 하늘의 지식, 그리고 빛은 그분이 우리의 짐을 대신 지신 사실만큼이나 우리의 태만함과 망각을 드러낼 것이다. 그러므로 우리는 두 가지를 늘 기억해야 한다. 우선 함부로 남의 짐을 떠안지 말아야 하고, 그다음 그 짐을 끝까지 맡았을 때 다른 의무들과 충돌하지 않는지 신중하게 살펴야 한다.

사랑에도 지성과 분별이 필요하다. 이러한 대속의 사랑을 현실에서 실천하기란 결코 쉬운 일이 아니다. 육체의 세계에서 사람과 사람 사이에 '은총의 섬김'이 일어나기란 매우 어렵다. 이런 사랑의 교환이 이루어지기 가장 어려운 곳은 바로 우리의 몸일 것이다. 메시아께서 몸을 치유하신 이유도 이 때문이다.

> 인자가 땅에서 죄를 용서하는 권세를 가지고 있음을 너희에게 알려주겠다. (마르 2:10)

또한 마음에 원망이 남아 있다면, 교만과 탐욕과 질투와 미움이 여전히 자리 잡고 있다면 사랑의 교환은 불가능하다.

대속의 사랑이 이루어지려면 서로 간의 모든 죄가 용서받은 상태여야 한다. 때때로 낭만적 사랑의 순간에 어떤 치유의 힘을 느낄 때가 있다. '낭만적 사랑의 신학'의 관점에서 본다면 그 힘은 실제로 작동한다. 이와 관련해 우리는 자신을 과소평가하는 경향이 있다. 치유의 힘은 낭만적 사랑이나 특별한 영적 체험의 순간에만 발생하는 것이 아니다. 다만 우리의 다른 의무들과 책임이 그 힘이 온전히 작동하는 것을 제한할 뿐이다.

대다수 사람은 이미 각자의 삶에서 감당해야 할 책임을 지고 있다. 그렇기에 아무리 선한 의도를 가졌다 해도 다른 이의 병이나 고통 같은 짐까지 짊어지려 하는 건 옳지 않다. 사랑은 무분별한 희생이 아니며, 다른 선들을 해치지 않는 분별 가운데 이루어져야 한다. 현실에서 우리는 선한 뜻을 품었다 하더라도 여러 선 중 하나를 선택해야만 하는 상황에 놓인다. 그리고 대속의 사랑은 형태를 바꾸어 이루어질 수도 있다. 하느님 나라가 이 땅에서 온전히 실현된다면 그런 변화와 교환은 자연스럽고 조화로운 일이 될 것이다. 하지만 지금은 그렇지 않다. 우리의 믿음 역시 그러한 경지에 이르지 못했다. 하지만 그것이 우리가 믿는 바를 실천하지 않을 이유가 되지는 않는다. 물질에서도, 물질을 넘어선 자리에서도 작동하는 하늘나라의 원리, 사랑의 교환을 우리는 계속 연습해야 한다.

어떤 행복한 상태(이를테면 단테가 베아트리체를 향해 사랑을 느꼈을 때)에서는 사랑을 주고받는 형태로 계약을 맺고 싶을 때가 있고 실제로 그런 일이 일어난다. 하지만 때로는 사랑이 되돌아오기보다는 한쪽으로만 흐르기도 한다. 옛 속담의 말처럼 "언제나 입을 맞추는 사람이 있고, 입맞춤을 받는 사람이 있다". 이 또한 사랑의 흐름 중 한 부분이다. 준 사랑이 되돌아오지 않으면, 혹은 누군가가 진심이 아니라 의무감으로 사랑하고 있음을 깨달으면 고통스럽다. 이 불균형의 고통을 견디려면 모든 관계가 결국 하나의 사랑, 하늘나라의 거대한 질서 안에서 연결되어 있다는 믿음이 필요하다. 그 믿음이 없다면 우리는 사랑의 손익을 계산하며 끊임없이 상처받을 것이다. 그리고 그 믿음은 오직 자기 부인, 자신을 중심에서 내려놓는 겸손한 마음을 통해서만 가능하다. 타락한 인간은 참된 사랑을 받는 자리를 견디지 못한다. 그런 사랑을 받아들이는 것은 자신이 의존하는 존재, 불완전한 존재임을 인정하는 일이기 때문이다. 그러나 그 사랑을 받아들이는 겸손이야말로 사랑을 다시 흘려보낼 수 있는 출발점이다. 그래서 사도들은 당부했다.

> 우리는 말이나 혀로 사랑하지 말고, 행동과 진실함으로 사랑합시다. (요한1서 3:18)

원치 않는 일에도 감사할 수 있다면(교회에서 누군가 진심보다는 의무감으로 어색한 미소를 담아 기도해 줄 때 감사할 수 있다면) 그건 사랑으로 나아가는 한 걸음이다. 감사는 삶에 반드시 필요한 덕목이다. 감사는 과거를 바라보는 사랑이고, 신앙은 미래를 향해 나아가는 사랑이며, 희망은 지금 여기서 조심스레 움직이는 사랑이다. 감사는 사랑처럼 그 자체로 충분하다.

> 감사하는 마음은 빚을 지고도 빚지지 않으며,
> 늘 갚으면서도 이미 자유롭다.**

모든 중보기도는 이런 '대속하는 사랑'의 의도를 담아야 한다. 그리고 그 기도가 다른 사람을 내 뜻대로 움직이게 하려는 감정의 압력으로 바뀌거나 자기 의self righteousness가 섞이지 않도록 조심해야 한다. 다른 이의 회심을 위한 기도조차 실제로는 '그가 내 생각대로 바뀌길 바라는 기도'가 되기 쉽

** 존 밀턴의 『실낙원』 4권, 55-56행에 나오는 구절이다.

다. 옛 자아가 새로운 길을 걷는 단계에서는 기도가 무척이나 즐거울 수 있다. 죄에서 사람들을 해방해 달라고 열정적으로 기도하면서 실제로는 그들의 잘못을 지적하고, 자기 생각을 하느님께 밀어 넣기 때문이다. 이 단계에 있는 사람들은 초자연적인 능력을 끌어다 (자기 뜻을 따라) 누군가를 멈추게 하거나 돌이키거나 힘을 주려 한다. 이는 위험한 일이다. 실제 영적인 힘을 가지고 장난을 치는 것과 다름이 없기 때문이다. 이를테면 "네로가 어머니 아그리피나를 죽이지 않게 해달라"고 기도하는 것도 위험하다. 겉으로 보기에는 무해한 기도이지만 사실 우리는 네로도, 아그리피나도, 그리고 메시아께서 그들을 통해 무엇을 하시는지도 알지 못하기 때문이다. 대신, 판단하거나 가르치려 들지 않고, '주님 안에서' 그들을 진심으로 기억하는 일은 결코 위험하지 않다. 세상의 모든 고통과 불안을 하늘나라에 맡기며 기도하는 '나'를 통해서든, 하늘나라의 다른 누군가를 통해서든 결국 화해 그 자체이신 그리스도께서 활동하고 계심을 기억하는 일은 전혀 위험하지 않다. 메시아께서는 "모든 곳, 모든 순간에" 계신다. 우리는 시간 속에서 살아가지만 하느님 나라의 생명은 시간에 매이지 않는다.

> 나는 알파며 오메가, 곧 처음이며 마지막이요, 시작이며 끝이다. (계시 22:13)

과거, 현재, 미래 사이의 관계나 성인들의 중보에 대해서는 세세히 논하지 않겠다. 다만 하느님 나라에서는 구성원들도 시간 순서에 매이지 않는다. 과거와 미래가 서로 바뀔 수 있고, 현재는 그 둘과 함께 얽혀 있으며, 살아있는 자는 죽은 자와, 죽은 자는 살아있는 자와 서로 맞닿아 있다.

> 살아있는 창조물들이 달려갔다 돌아오는 것은 마치 번개가 번쩍이며 나타나는 것 같았다. (에제 1:14)

그리스도께서 자신을 내어주신 일은 특정 시간과 장소에 한정된 사건이 아니다. 그분의 사랑은 모든 존재 안에서 작동하며, 언제 어디서나 일어나고 있다. 그 사랑은 기쁨과 고통 속에서도, 때로는 기쁨도 고통도 없이 번쩍이며 오간다. 아직은 우리가 거의 느끼지 못하는, 미세하고 보이지 않는 실줄기들을 따라 영광은 여전히 흐르고 있다. 메시아께서 풍성하게 주신 새로운 생명, 삶의 방식은 대속에서 시작해 대속으로 이어진다. 그리고 그 어떤 대속도 개인의 가치를 깎아내리지 않는다. 오히려 대속을 통해 한 사람의 참된 자아가 드러난다. 이 세상도 마찬가지다. 다른 사람들의 뜻, 욕망, 삶을 짊어진 이들이 (옳든 그르든 간에) 언제나 가장 큰 자리를 차지했다. 그렇게 카이사르는 곧 로마였고, 나폴레옹은 곧 프랑스였다. 카이사르는 어느 순간 '자기 자신을 넘어선 존재'가 되었다. 그는 더는 한 개인이 아니라 제국의 이름으로 존재했다. 자기 자신마저 부정하고 오로지 '카이사르 그 자체'로 산 사람. 그 점이 그를 매혹적인 존재로 만든다. 베르길리우스가 악티움에서 보았듯 그의 별빛은 여전히 옛 세계 위에, 가정과 사회 안에, 경건함의 질서 가운데 빛나고 있다. 그러나 그 빛은 결국 더 위대한 대속의 나라, 사랑과 화해의 나라를 알린 또 다른 별의 응답을 받는다.

오래전에 다윗(혹은 시편의 저자)은 인간이 자기 형제를 구원할 수도 없고, 몸값을 치를 수도 없다고 노래했다(시편 49:7-9 참조). 어떤 면에서는 그러하다. 그러나 그 말은 악을 선으로 알게 되는, 악조차 선의 계기로 알게 되는 신비가 드러나기 전의 이야기, 그리스도께서 이루신 대속의 신비가 만물을 속죄의 흐름으로 끌어오기 전의 이야기다. 십자가와 부활 이후 모든 선함은 그 원천에서 흘러나와 서로 주고받는 사랑의 과정을 거친다. 그리고 변화한다. 프란치스코회 수도자들

사이에 전해지는 일화가 있다.

> 한 수도자는 다른 수도자의 찢어진 옷을 대신 기워 입었다.

하늘나라에서는 사람들이 다른 사람들의 수고로 인해 영화롭게 되고 결국 모두가 서로의 수고로 인해 영광스럽게 된다. 요한복음서에서 메시아께서는 사마리아 여인에게 "너에게는, 남편이 다섯이나 있었고, 지금 같이 살고 있는 남자도 네 남편은 아니다"(요한 4:18)라고 말씀하신 뒤 돌아온 제자들에게 또 다른 수수께끼 같은 말씀을 하셨다. 그분은 밭을 보시며 추수할 때가 되었음을 아셨다. 보수와 열매, 영원한 생명을 말씀하시며 씨 뿌리는 자와 거두는 자가 함께 기뻐한다고 하셨다. 그리고 그 의미를 더 넓은 차원으로 던지셨다.

> '한 사람은 심고, 한 사람은 거둔다'는 말이 옳다. 나는 너희를 보내서, 너희가 수고하지 않은 것을 거두게 하였다. 수고는 남들이 하였는데, 너희는 그들의 수고의 결실에 참여하게 된 것이다. (요한 4:37-38)

무슨 뜻인가? 우리는 헌신하고 희생하며 재산과 자기 삶을 내어주었는데, 정신은 혼란스럽고, 마음은 상하고, 몸은 무너졌는데 아무 열매도 우리에게 속하지 않는단 말인가? 그렇다. "너희가 수고하지 않은 것을 거두게 하였다." 시작은 다른 이들이 했고, 또 다른 이들이 그 과정을 이어갔다. 한 사람의 인내가 다른 사람의 영광이 되고, 이 사람의 부지런함이 저 사람의 장식이 된다. 화려함과 소박함, 순결과 관대함, 온유함과 진실이 교환된다. 하느님 나라 전체에서 그런 교환이 이어진다. 우리는 서로에게서, 그리고 모두에게서 은총을 받는다. 하지만 결코 자신에게서는 받지 못한다. 우리가 진정 우리 것이라 부를 수 있는 것은 단 하나, 은총 앞에서 겸손하게 미소 지을 때 조금 붉게 되는 얼굴뿐이다. 그 자리에서 아담의 부끄러움은 성도의 수줍은 기쁨으로 바뀐다.

이 땅에서 처음이자 마지막 교훈은 자기를 부인하라는 것이다. 그리고 이곳에서든 저곳에서든 자기를 부인한 끝에, 하느님께서 모든 곳에 있는 중심이자 둘레가 없는 원으로 드러나시는 때에, 우리는 우리 자신을 포함한 만물을 새삼스레 경이 가운데 바라보게 될 것이다.

> 남은 구원하면서, 정작 자신은 구원하지 못하는구나. (마태 27:42)

이에 주님께서 말씀하신다.

> 나는 아버지께서 내게 주신 영광을 그들에게 주었습니다. 그것은, 우리가 하나인 것과 같이, 그들도 하나가 되게 하려는 것입니다. (요한 17:22)

VII
도성

    신화와 전설, 율법과 역사, 도덕과 형이상학에서 하느님의 나라가 다가온다는 것은 모든 것을 배제하는 동시에 모든 것을 품는 무언가가 도래한다는 것을 의미했다. 모든 실 하나하나가 '배제와 포괄'이라는 성격을 지니고 있고, 그 실들이 엮인 전체 무늬 또한 같은 성격을 띤다. 복음서 전체는 "나를 위해"라는 배타적으로 보이는, 하지만 실제로는 모든 것을 품는 명령으로 가득하다. 이것이 바로 '카리타스'caritas, 곧 사랑의 참모습이며 이 사랑이야말로 하느님 나라의 본질이다. 사람들은 흔히 이 사랑, 자애를 '에로스'eros, 즉 개인의 사랑과는 다른, 특정 사람에게만 향하지 않는 보편적인 호의로 본다. 저 호의가 예언자들이 말한 '불타는 의지'voluntas inflammata, 즉 하느님의 불길처럼 타오르는 사랑이면 좋겠지만, 자애를 추구할 때 우리의 모습은 그런 불의 수레바퀴와는 거리가 멀며 오히려 무겁고 딱딱한 군화에 가깝다. 이 군화에는 '기쁨'이라는 징이 박혀 있지 않다. 그러나 그리스도의 수난은 달랐다. 지극히 슬픈 사건이었지만 복음서들의 이야기에는 그 슬픔과 더불어 기쁨과 환희의 말들이 함께 한다.

언젠가 새뮤얼 존슨Samuel Johnson은 "행복은 인간의 의무"라고 말했다. 기쁨이 빠진 호의는 아무리 노력해도 충분하지 않다. 사도 베드로는 박해와 순교를 당하는 순간조차 "영광의 영 곧 하느님의 영이 ... 위에 머물러"(1베드 4:14) 있다고 말했다. 이와 달리 평범한 삶보다 아주 조금 고통스럽고 괴로운 삶을 그저 상상만 하더라도 우리의 얼굴은 창백해진다.

자기 자신을 완전히 내어주는 사랑에는 슬픔이 따르기 마련이다. 이 같은 맥락에서 한 그리스도교 시인은 한 찬송시를 썼다.

> 예수 그리스도는 우리의 구원자시다.
> 그러나 하느님, 차라리 그렇지 않기를 바라나이다.

신학의 관점으로 보면 잘못된 말이지만, 이 시에 담긴 감정은 충분히 이해할 수 있다. 우리는 이미 불행하다. 그런데 그리스도교가 더 참아야 한다, 더 견뎌야 한다, 더 자기를 훈련해야 한다고만 말한다면 사람들은 절규하며 그냥 사라져 버리고 싶다고 할 것이다. 하지만 교회는 그런 일이야말로 전능하신 분이 허락하지 않으시는 유일한 일이라고 말한다. 그리스도교에서 허용하는 유일한 '소멸'은 우리가 하느님 안에서 자아를 잃고, 그분과 하나가 되는 길뿐이다.

물론 일부 그리스도교인이 보여 주는 억지 명랑함 역시 견디기 힘들다. 평균적인 감수성을 지닌 사람들에게 그런 모습은 보기 괴롭다. 그들은 늘 밝게 지내고, 낯선 이에게 웃으며, 심지어 그와 기꺼이 대화를 나눠야 한다고 사람들을 부추긴다. 이러한 상황에서 그나마 위안이 되는 점은 그리스도께서 우리에게 우울하게 지내거나 밝게 지내라고 말씀하시지 않으셨다는 사실이다. 그분은 우리가 무엇이 되려 하는 욕망 자체를 반대하셨다. 그리스도께서는 우리가 '스스로' 무언가 되려 하거나 스스로 자신을 구원하려는 그 욕망이야말로 모든 문제의 뿌리라고 말씀하셨다. 그러니 적어도 억지로 밝게 지내자는 집단의 분위기만큼은 거부할 수 있을 것이다. 어쩌면 그게 우리가 가장 쉽게 할 수 있는 자기 부인의 시작일지도 모른다.

성서 전체를 관통하는 단어이자 우리가 부름받은 사랑(카리타스)이 궁극적으로 향하고 있는 방향의 끝자락에서 드러나는 빛은 바로 영광이다. 구약에서 영광은 그저 밝음이었지만, 점차 질서와 조화를 지닌 찬란함으로 발전했다. 신약에서 그 영광은 그리스도께서 하신 첫 번째 기적, 곧 물이 포도주로 바뀔 때 드러난다. 그리고 그 영광이 제자들에게 전달된다.

> 나는 아버지께서 내게 주신 영광을 그들에게 주었습니다.
>
> (요한 17:22)

이 영광은 하늘에 머무르지 않는다. 요한이 본 거룩한 도성을 따라 인간의 눈앞으로, 이 세상으로 흘러 들어온다. 요한복음서에서 '영광'이라는 말은 그리스도께서 하시는 행동과 연결되어 있다. 즉, 그분의 행동이 바로 영광의 실체다. 위에서 언급했지만 그리스도께서는 물을 포도주로 바꾸심으로써 영광을 드러내셨다. 그리고 라자로를 살리시기 직전 ("주님, 이제는 냄새가 납니다"(요한 11:39)라고 말하는) 마르다에게 말씀하신다.

> 네가 믿으면 하느님의 영광을 보게 되리라고, 내가 네게 말하지 않았느냐? (요한 11:40)

또 사도들에게 약속하셨다.

> 너희가 내 이름으로 무엇을 구하든 내가 그것을 하겠다. 아버지께서 아들 안에서 영광을 받으시게 하기 위해서다. (요한 14:13)

그리고 다가올 수난을 바라보며 말씀하셨다.

> 인자가 영광을 받을 때가 왔다. … '아버지, 이 시간을 벗어나게 하여 주십시오' 하고 말할까? 아니다. 나는 바로 이 일 때문에 이 때에 왔다. 아버지, 아버지의 이름을 영광스럽게 드러내십시오. (요한 12:23, 27-28)

죽음을 앞두고도 그분의 설교는 모든 것을 하느님의 영광으로 바라보는 말들로 가득했다. 그리고 그분은 마지막 기도를 통해 그 영광을 제자들, 세상과 나누시며 하느님과 인간이 함께 완성해 가는 사랑의 행위를 선언하셨다. 하느님의 영광은 그리스도께서 하시는 일의 결을 따라 드러난다.

전통에 따르면 성서는 '만물의 완성'을 두 곳(아가서와 요한계시록)에서 묘사한다. 아가서는 흔히 말하듯 (특히 『이름 없는 주드』Jude the Obscure에서 수Sue가 지적했듯) 사랑의 시이고, 요한계시록은 혁명 선언문이다. 브리태니커는 고대 근동의 언어로 쓰인 아가서가 현대 서구의 미적 감각에는 낯설다고 지적한다. 요한계시록에도 같은 말을 할 수 있을 것이다. 그럼에도 불구하고 두 책 모두 서구 문학과 상상력에 깊은 영향력을 미쳤다. 이를테면 아가서의 비둘기와 사슴, 요한계시록의 바다 괴물은 오랫동안 서구 문학과 사상 속을 떠돌며 그 흔적을 남겼다. 그러나 그보다 더 깊은 영향력을 미친 것은 공동체에 대한 상상력이다. 그리스도교에서는 두 책 모두를 인류 전체, 하나 된 공동체를 향한 신비로운 사랑, 구원의 전망을 그리는 것으로 읽어왔다. 전통에서는 아가서에 나오는 사랑과 기쁨의 주체를 '그리스도와 한 영혼'이 아니라 '그리스도와 교회', 곧 공동체 전체로 읽었다. 요한계시록 역시 타락하거나 구원받은 한 영혼이 아니라 거룩한 도성, 공동체 전체를 그린다고 보았다. 하느님 나라라는 관념은 언제나 혁명과 사랑의 기운을 머금고 있다. 눈에 보이는 교회가 그 기운을 얼마나 얌전하게 길들였든 그 나라의 표어는 변하지 않는다. 이 표어는 사랑의 표어이면서 동시에 혁명의 표어다.

> 보아라, 내가 모든 것을 새롭게 한다. (계시 21:5)

요한은 말한다.

> 나는 새 하늘과 새 땅을 보았습니다. ... 나는 또 거룩한 도성 새 예루살렘이 ... 하느님께로부터 하늘에서 내려오는 것을 보았습니다. ... 그 도성은 하느님의 영광에 싸였고, 그 빛은 지극히 귀한 보석과 같고, 수정처럼 맑은 벽옥과 같았습니다. (계시 21:1-2, 11)

이 성은 에제키엘서에 나오는, 생물들의 머리 위에 있는 ("수정과 같은 빛을 내서, 보기에 심히 두려"(에제 1:22)운) 창공 모양의 덮개 같은 것을 닮았다. 그 아래에는 성서에 나오는 위대한 상징들, 나팔 소리에 흥분하는 말, "여종들의 노리개"(욥기 41:5)가 되지 않는 리워야단, 바늘귀를 통과할 수 없는 낙타, 이집트 탈출 때 이스라엘을 실어 나른 독수리들(출애 19:4 참조)이 함께 있다. "새 하늘과 새 땅"은 하느님을 아는 두 가지 방식(지식, 사랑)처럼 다가온다. 지식은 최상의 사랑이며,

사랑은 최상의 지식이다. 땅은 사랑의 자리, 곧 하느님을 경험하는 만남의 자리고, 하늘은 그 만남을 비추는 지식의 자리다. 이 둘을 모두 품은 도시, 도성은 오래된 예언을 실현한다.

> 그 때에는 이웃이나 동포끼리 서로 '너는 주님을 알아라' 하지 않을 것이니, 이것은 작은 사람으로부터 큰 사람에 이르기까지, 그들이 모두 나를 알 것이기 때문이다. (예레 31:34)

이 도성에 대해 요한은 말한다.

> 나는 그 안에서 성전을 볼 수 없었습니다. 그것은 전능하신 주 하느님과 어린 양이 그 도성의 성전이시기 때문입니다.
> (계시 21:22)

그곳에서는 중심이 어디에나 있고 둘레는 어디에도 없다. 질서가 있으되 억압이 없고, 모든 좋은 공동체가 그러하듯 모든 존재가 고유하며 존중받고, 모두가 다르지만 누군가 더 먼저나 늦게 있지 않고 누구도 더 크거나 더 작지 않다.

도성 밖에 남는 사람들은 "거짓을 사랑하고 지어내는 자들"(계시 22:15)이다. 이들은 태초의 신화에서 인류가 저지른 왜곡된 지성의 후예들이다. 그들은 아담과 하와가 무화과 잎으로 자신들의 수치를 가리려 했던 행위를 반복한다. 혹은 예레미야 시대에 하느님의 이름으로 거짓을 전했던 거짓 예언자들의 행위를 반복한다. 그들은 도성에 들어오지 못한다. 그들은 도성을 볼 수도 없으며, 설령 본다 해도 이를 자신들이 들어갈 장소로 보지 못한다. '지성의 선'the good of intellect을 잃어버린 이들은 지성의 가장 높은 지점, 즉 모든 것이 밝히 드러나는 지점, "모든 은밀한 일"(전도 12:14)이 드러나는 곳에 존재할 수 없다. 바로 이 지점에서 그리스도교의 가르침은 다른 종교들의 가르침과 구별된다. 어떤 것도 잊히거나 사라지지 않는다. 모든 것이 드러난다. 설령 악한 일이라 할지라도 그 일이 사랑의 계기가 될 수 있다면 선한 일로 드러날 수 있다. 그렇기에 모든 일이 드러나야 한다. "주 하느님께서 그들을 비추시기 때문"(계시 22:5)이다.

메시아와 신약은 결코 과거를 지우지 않는다. 오히려 그분은 이를 두드러지게 드러내신다. 이는 하느님께서 모든 일에 책임이 있으시다는 가르침의 논리상 자연스러운 결과다. 인간의 이해를 초월할 만큼 명료하게 모든 일을 아시면서도 창조를 명하셨다는 의미에서 그분은 모든 일에 책임이 있으시다. 아무리 인간의 자유의지를 경건하게 설명하며 악의 책임을 인간에게 돌리려 해도, 하느님께서 그 모든 일을 이미 아신 채 창조하셨다는 점은 피할 수 없다. 세상의 말로 다할 수 없는 공포와 비참함, 하느님께서는 그 모든 순간을 미리 보셨다(이 표현이 신학적으로 부정확하다는 걸 알지만 우리가 이해할 수 있는 말로 하자면 그렇다). 그분이 모르시는 고통은 없다. 아이들의 고통, 사회의 완고한 악, 무고한 자의 희생, 오랫동안 자행되고 있는 잔혹한 일들 모두를 아신다. 수없이 오랜 세월 동안 이어져 온 인류의 잔혹함뿐만 아니라 동물 세계 전체에 퍼져 있는 잔혹함을 생각해 보라. 인간은 그 일부도 제대로 마주하지 못한다. "모든 피조물이 이제까지 함께 신음하며, 함께"(로마 8:22) 고통스러워하고 있다.

전능자께서는 이 고통을 보시고도 창조하셨다. 그분은 세상에 고통이 생길 가능성을 아셨고, 그 가능성이 실제로 이루어질 수 있는 현실을 창조하셨다. 하느님이 아니면 고통은 존재할 수 없다. 이는 그분이 뜻하신 바가 아니며 다만 허용하셨을 뿐이라는 말이 지적으로는 정확할지 모르지만, 제1원인the First Cause이 힘과 지성과 뜻을 가지고 세계를 있게 했다면 그가 모든 일의 최초 원인이라는 사실을 지울 수 없다. 제1원인께서 스스로 제1원인이 되셨다는 사실을 피할 수 없는 것이다.

하느님을 인간에 빗대어 변호하려는 시도는 무엇이든 실패하기 마련이다. 인간 아버지, 부모는 제1원인이 아니기 때문이다. 오직 하느님만이 하느님이시다. 이른바 '경건한 사람들'은 하느님을 변호하려 애쓰지만, 지혜로운 예언자들은 그러지 않았다.

> 나는 빛도 만들고 어둠도 창조하며, 평안도 주고 재앙도 일으킨다. 나 주가 이 모든 일을 한다. (이사 45:7)

물론 다른 종교들도 이 정도까지는 말한다. 하지만 그리스도교는 여기서 더 나아간다. 그리스도교는 하느님께서 처음부터 창조에 따르는 책임을 알고 계셨으며 그 책임에 따라 행동하셨다고, 은총을 베푸실 뿐 아니라 몸소 그분이 만드신 존재가 되셨다고, 당신의 허락 아래, 하지만 스스로 타락한 그 조건 속으로 들어오셨다고 선포한다. 이 독특한 활동, 자유 가운데 이루어진 선택과 사랑에서 비롯된 활동이 그리스도교 신앙을 독특하게 만든다. 여러 신, 신화에서 자신을 희생한 신, 태양신과 풍요의 신은 언뜻 그리스도교의 하느님과 닮아 보이나 끝까지 가면 전혀 다르다. 다른 신들은 모두 운명에 종속된 존재다. 그들이 인간과 결합할 수 있는 이유는 그들 역시 인간처럼 운명의 법칙 아래 있기 때문이다. 그러나 그리스도교는 전능자 위에 또 다른 운명이란 존재하지 않는다고 선언했다. 천 년 전 왕 알프레드Alfred는 보에티우스의 『철학의 위안』De Consolatione Philosophiae을 옮기며 이런 말을 덧붙였다.

나는 다른 모든 그리스도인처럼 말한다.
세상을 다스리는 것은 운명이 아니라 하느님의 섭리다.

그리스도교는 한 인격 안에서 신성과 인성이 나뉠 수 없이 결합해 있다고 말한다. 이 결합은 단순히 신비로운 일치가 아니라 하느님께서 인간에 대한 책임을 지신 사건이다. 그분께서는 인간의 생명을 요구하셨지만, 그 요구를 인간에게 돌리지 않고 직접 감당하셨다.

마찬가지 원리로 하늘의 도성이 파트모스와 세상에 내려온다. 하느님과 인간 사이를 오가는 영광의 흐름 가운데서 저 움직임은 복음서들에 있는 "나를 위하여"라는 표현이 가리키는 것, 곧 참된 사랑을 드러낸다. 인간이 하는 사랑의 방향이 바뀌었다. 이제 이 땅에서 그 무엇이든 사랑받아야 이유는 단 하나, 하느님께서 그 무언가를 사랑하시기 때문이다. 베아트리체가 누구든, 어떤 존재든 그녀는 더는 사랑하는 사람의 만족을 위해 사랑받지 않는다. 아무리 순수하거나 열정적인 사랑이라 해도 마찬가지다. 어떤 면에서 그녀가 사랑받는 이유는 이제 그녀에게 있지 않다. 그녀가 사랑스러워서 사랑받는 것이 아니다. 인간이 상상할 수 있는 가장 고귀한 사랑, 문학이 그리는 사랑은 그 정도일 것이다. 하지만 하느님 나라는 거기에 만족하지 않는다. 베아트리체는 "나를 위하여", 곧 하느님을 위하여 사랑받아야 한다. 단순하게 들리지만 실제로는 매우 어렵다. 영성의 대가들은 영혼이 하느님을 만나기 전에 세상의 것들에 대한 애착을 내려놓아야 한다고 지적한다. 사랑하고 살아가는 방식을 새롭게 해야 한다는 것이다. 새롭게 되면 누군가 그녀에게 네 어머니와 형제들이 저기 있다고 말할 때, 그녀는 주위를 둘러보며 이렇게 말할 것이다. "제 어머니와 형제들은 여기에 있습니다." 영혼은 혼자 힘으로 자랄 수 없으며 사랑을 주고받는 관계 속에서 태어난다. 교환의 법칙이야말로 영혼의 어머니다. 이 같은 맥락에서 메시아께서는 (욥기처럼) 자신을 위해 무언가를 버린 사람은 그에 상응하는 것을 풍성히 돌려받을 것이라고 말씀하셨다.

내가 진정으로 너희에게 말한다. 나를 위하여, 또 복음을 위하여, 집이나 형제나 자매나 어머니나 아버지나 자녀나 논밭을 버린 사람은, 지금 이 세상에서는 박해도 받겠지만 집과 형제와 자매와 어머니와 자녀와 논밭을 백 배나 받을 것이고, 오는 세상에서는 영원한 생명을 받을 것이다. (마르 10:29-30)

실제로 이 약속이 문자 그대로 이루어지는 것처럼 보이지는 않는다. 하지만 어쩌면 그 안에는 하늘의 역설, 숨은 반전이 있는지도 모른다. 메시아는 물론 신뢰할 만한 분이시지만 우리의 계산을 넘어선 그분만의 방식으로 약속을 이루신다. 한때 널리 불렸던 성가의 가사를 빌리면 "그분에 대한 참된 해석자는 그분 자신"이시다. 메시아께서 하시는 해석은 누구도 상상할 수 없다.

나의 생각은 너희의 생각과 다르며 ... (이사 55:8)

하느님께서 우리의 생각과 다르게 일하신다고 해서 그분을 탓할 수는 없다. 그것이야말로 하느님께서 하느님이신 이유이기 때문이다. 다만 그 사실 때문에 모든 일이 훨씬 더 어렵게 느껴진다. 사도 바울은 이 회복의 역설을 두고 말했다.

> 아무것도 가지지 않았으나 모든 것을 가지고 있다. (2고린 6:10)

그것이 바로 하늘 도성의 방식이다.

메시아의 활동이 과거에 일어났고 현재에도 계속되고 있듯, 하늘 도성도 지금 왔고 또 오고 있다. 교회에서는 장차 올 것이라고 고백하지만 도성은 지금 여기서 이미 시작되고 있다. 지금도 우리는 간혹 모든 비교와 선호를 넘어선 순간을 경험한다. 그 순간 사물들은 그저 선하게 존재하고 평화와 기쁨만 있다. 그런 순간은 율법의 통제를 받지도 않고 누군가의 안내로 찾아갈 수도 없다. 그런 순간들은 그저 있을 뿐이다. 이 순간들은 또 다른 은총, 지나치게 세분화된 용어의 감옥에서 우리를 해방하는 은총을 지니고 있다. 세상에는 말들이 필요하고, 우리는 그 말들을 통해 세상을 인식한다. 그러나 말의 특정 형태들이 오히려 우리를 지배할 수 있다. '은총'은 이곳저곳을 번개처럼 스치며, 에제키엘의 환상 속 생물들 사이를 오가던 빛처럼 나타났다 사라진다. 그리고 "번개가 동쪽에서 나서 서쪽에까지 번쩍이듯이, 인자가 오는 것도 그러할 것이다"(마태 24:37)라는 말씀처럼 그리스도의 도래 또한 그러할 것이다.

은총은 하나의 생명이다. 그 생명에 사로잡히면 우리는 잠시나마 자신이라는 경계를 잊는다. 요한계시록이 묘사하듯 도성 안에서 생명수를 거저 마시며, 너무도 단순하고 자연스러우며 모든 것과 하나 된 상태에 있게 된다. 아가서와 요한계시록 모두 마지막에 이 생명, 이 삶을 향해 나아간다. 아가서의 술람미 여인은 외친다.

> 임이여, 노루처럼 빨리 오세요. 향내 그윽한 이 산의 어린 사슴처럼, 빨리 오세요. (아가 8:14)

요한계시록의 마지막 증언도 이렇게 끝난다.

> 이 모든 계시를 증언하시는 분이 이렇게 말씀하셨습니다. "그렇다. 내가 곧 가겠다." 아멘. 오십시오, 주 예수님! (계시 22:20)

메시아께서 제자들에게 가르쳐주신 살아 있는 기도인 '주기도문'은 하늘의 도성과 땅에서 이를 반영하는 것들을 하나로 잇는다. 하늘에서 내려오는 은총은 그 기도 안으로 흘러 들어와, 그 기도를 통하여 말하고, 그 안에 머물다 다시 그 기도를 통해 하늘로 되돌아간다. 하늘에 있는 "생물들"은 그 기도를 따라 오르내리며 뜨겁게 자신들이 속한 신비로운 관계를 탐구한다. 그 기도를 따라 땅에 있는 존재들도 서로 교류하며 하나로 묶인다.

이 기도는 먼저 하늘의 축복을 부르며 시작된다. 하늘의 거룩함이 이 땅의 모든 모습에 드러나기를, 빛나기를 선포하고 간구한다. 아버지의 이름, 즉 하느님의 이름은 모든 피조물이 각자의 방식을 따라 알고 부르며 닮기를 갈망하는 대상이다. 모든 피조물이 그 안에 있으며 그들의 차이는 단지 하느님을 알아가는 방식에 있을 뿐이다. 이제 기도는 선구자 세례 요한의 예언과 메시아의 성육신을 따라 간구한다("아버지의 나라가 오게 하시며"). 하느님의 이름이 그 나라가 되기를, 사랑의 영광스러운 순간들이 하나의 질서가 되기를, 사랑이 본능이 되기를, 그리고 그 사랑의 생명력이 결코 사라지지 않기를 간구한다. 또한 하늘, 영원히 복된 상태에서 앎이 완성되었듯 땅에서도 순수하고 온전한 앎이 이루어지기를 간구한다. 이미 이루어진 하느님의 뜻이 우리가 살아가는 이 현실에서도 이루어지기를, 평화로 완성되기를 간구한다. 이를 위해 모든 존재가, 특히 사람들이 필요한 양식을 얻기를, 기쁨이 되는 일용할 양식을 얻기를 바란다. 이어서 주기도문은 너무나도 쓰라린 경험, 바로 용서의 문제를 다룬다. 이 용서 역시 하늘에서는 뜨겁게 오가고 있다. 그 용서의 무게를 주님께서는 한 말, 한 음절로 표현하신다. 바로 "같이"다.

> 우리가 우리에게 잘못한 사람을 용서하여 준 것같이 우리 죄를 용서하여 주시고

남을 용서한 그 방식, 그만큼의 넓이로 용서받기를 간구하는 것이다. 이는 메시아의 통치를 받아들이는 것이며 교환의 법칙, 사랑과 용서의 상호성을 받아들이는 것이다. 이때 하늘은 우리의 뜻을 억누르지 않고 오히려 우리의 마음에 자신을 맞추고, 자신을 비춘다. 신비로운 일치의 순간이다. 동시에 이 간구를 통해 우리는 하늘을 향한 우리의 겸손을 표현한다. 하느님의 통치와 질서가 우리에게 내려오기를 바라되 이를 억지로 규정하거나 지배하려는 욕망은 버리는 것이다. "우리가 우리에게 잘못한 사람을 용서하여 준 것같이 우리 죄를 용서하여 주시고"라고 기도하는 순간, 그 담대함과 위험을 깨달은 기도는 두려움 가운데 하늘을 향해 솟아오른다.

우리를 시험에 들게 하지 마시고

이를 통해 우리는 하느님께서 우리를 내버려두지 마시기를 간구하고, 아무것도 아닌 우리에게는 그 자리를 견딜 힘이 없음을 고백한다.

　　악에서 구하소서.

이를 통해 우리는 한때 인간이 알고자 했던 그 악에서, 선을 거스르는 앎의 분열에서, 선이 찢기는 고통에서, 기쁨을 잃은 상태에서, 내면에서 일어나는 사랑에 대한 뒤틀린 망상에서, 자아가 낳은 위선의 괴물들로부터 우리를 구해주시기를 간구한다.

"당신만이 홀로 거룩하시고, 당신만이 홀로 주님이십니다." "주님 없이는 아무것도 강하지 못하고, 아무것도 거룩하지 못합니다." 이렇게 우리는 그분이 우리가 아무것도 아니게 되는 허무에서 우리를 구해주시기를, 우리 자신에게 아무것도 아닌 존재가 되어 오직 하느님 나라에서만 살게 해주시기를 간구한다.

나라와 권세와 영광이 아버지께 영원히 있사옵나이다.

세 가지 선언이 거대한 변형의 흐름을 이룬다. "나라"는 모든 것을 엮는 그물망이고, "권세"는 그 그물의 실에 흐르는 힘이며, "영광"은 그 실과 그물이 빚어내는 찬란한 빛이다. 우리는 고백한다.

> 이 또한 당신입니다 This also is Thou.

그러나 우리는 그 영광 자체를 온전히 알 수 없다. 모든 앎이 최고조에 이르면 그 앎은 스스로 멈춘다. 이에 우리는 고백한다.

> 이 또한 당신이 아닙니다 Neither is this Thou.

흐름을 생각한다고 해서 그 흐름의 일부가 되지는 않는다. 사랑의 교환을 말한다고 해서 실제로 사랑을 주고받는 것은 아니다. 신앙의 길에는 수많은 차이와 간극이 있지만(이 차이도 꽤 중요하지만) 그 어떤 차이도 옛 자아와 새로운 자아 사이의 차이만큼 크지 않고, 둘만큼 간극이 벌어져 있지 않다. 이 같은 맥락에서 사도 바울은 메시아의 말씀 속에 숨어 있는 위험을 두려워했다.

> 어찌하여 너희는 나더러 "주님, 주님!"하면서도, 내가 말하는 것은 행하지 않느냐? (루가 6:46)
> 나는 내 몸을 쳐서 굴복시킵니다. 그것은 내가, 남에게 복음을 전하고 나서 도리어 나 스스로는 버림을 받는, 가련한 신세가 되지 않으려는 것입니다. (1고린 9:27)

그래서 그리스도교 세계는 신앙이 퇴보하지 않도록 양심을 세밀하게 살피는 훈련을 사람들에게 요구했다. 그러나 우리의 마음은 늘 흔들리고, 의도와 행동 사이에는 그 어떤 틈보다 깊은 틈이 있다. 어떻게 확신할 수 있겠는가? 자신의 모든 행위에는 선한 동기가 있었다고 자신 있게 말할 수 있는 사람이 있을까? 그럼에도 불구하고, 아무것도 모르는 것처럼 보이더라도 우리는 선을 향해 나아가기를 선택할 수 있고, 그 방향이 자신의 뜻이 되기를 바랄 수 있다. 선을 따르고자 하는 욕망은 소중하다. 그러나 그 선을 자신의 결심이 아니라 선의 근원이신 하느님에게서 흘러나오는 사랑에 힘입어 따르고자 하는 욕망이 훨씬 더 깊고 본질적이다. 사도 요한

도성 | 233

은 갓 태어난 교회를 위로하며 말했다.

> 우리 마음이 우리를 정죄하더라도 하느님께서는 우리 마음보다 크시고 모든 것을 아십니다. (1요한 3:20)

메시아께서는 가라지 비유를 통해 말씀하셨다. 좋은 씨, 선이라는 씨를 뿌리라고. 마음에서 선과 악이 함께 자랄 때 너무 괴로워하지 말라고. 마음에 있는 동기 중 무엇이 밀이고 무엇이 가라지인지 일일이 분별하려 들지 말라고. 당신께서 모든 것을 구분하셔서 이것은 구하시고 저것은 거두지 않으시겠다고. 결정은 당신께 맡기고 평안하며 기뻐하라고. 다만 씨를 뿌리라고, 낮이 있는 동안에는 일을 하라고 말씀하셨다. 참된 기쁨에는 언제나 메시아의 세 가지 말씀이 함께 깃들어 있다. 먼저, 그분께 다정한 꾸짖음을 받아 일어나는 깨우침의 기쁨.

> 오 어리석고 ... 모든 것을 마음에 더디 믿는 자들이여. (루가 24:25)

그리고, 의미의 완성에서 오는 기쁨.

나는 알파며 오메가, 곧 처음이며 마지막이요, 시작이며 끝이다. (계시 22:13)

마지막으로, 하늘의 것이 땅으로 올 때 반드시 일어나는, 고난과 역설 가운데 일어나는 기쁨.

누구든지 나로 인하여 걸려 넘어지지 않는 사람은 복이 있다. (마태 11:6)

| 찰스 윌리엄스 저서 목록 |

■ 소설

- **War in Heaven** (London: Victor Gollancz, 1930)
- **Many Dimensions** (London: Victor Gollancz, 1930)
- **The Place of the Lion** (London: Mundanus, 1931)
- **The Greater Trumps** (London: Victor Gollancz, 1932)
- **Shadows of Ecstasy** (London: Victor Gollancz, 1933)
- **Descent into Hell** (London: Faber & Faber, 1937)
- **All Hallows' Eve** (London: Faber & Faber, 1945)

■ 희곡

- **A Myth of Shakespeare** (London: Oxford University Press, 1928)
- **Three Plays** (London: Oxford University Press, 1931)

■ 시

- **The Silver Stair** (London: Herbert and Daniel, 1912)
- **Poems of Conformity** (London: Oxford University Press, 1917)
- **Divorce** (London: Oxford University Press, 1920)
- **Windows of Night** (London: Oxford University Press, 1924)
- **Heroes and Kings** (London: Sylvan Press, 1930)
- **Taliessin through Logres** (London: Oxford University Press, 1938)
- **The Region of the Summer Stars** (London: Nicholson and Watson, 1944)

■ 신학

- **He Came Down from Heaven** (London: Heinemann, 1938) 『그가 하늘에서 내려오셨다』(비아)
- **The Descent of the Dove: A Short History of the Holy Spirit in the Church** (London: Longmans, Green, 1939)
- **Witchcraft** (London: Faber & Faber, 1941)
- **The Forgiveness of Sins** (London: G. Bles, 1942)

■ 문학비평

- **Poetry at Present** (Oxford: Clarendon Press, 1930)
- **The English Poetic Mind** (Oxford: Clarendon Press, 1932)
- **Reason and Beauty in the Poetic Mind** (Oxford: Clarendon Press, 1933)
- **The Figure of Beatrice** (London: Faber & Faber, 1943)

■ 전기

- **Bacon** (London: Arthur Barker, 1933)
- **James I** (London: Arthur Barker, 1934)
- **Rochester** (London: Arthur Barker, 1935)
- **Queen Elizabeth** (London: Duckworth, 1936)
- **Henry VII. London** (Arthur Barker, 1937)
- **Stories of Great Names** (London: Oxford University Press, 1937)
- **Flecker of Dean Close** (London: Canterbury Press, 1946)

그가 하늘에서 내려오셨다
- 성육신과 그리스도교 신앙

초판 1쇄 | 2025년 11월 20일

지은이 | 찰스 윌리엄스
옮긴이 | 민경찬

발행처 | ㈜룩스문디
발행인 | 이민애
편 집 | 민경찬
검 토 | 김준철 · 손민석 · 신현정 · 여운송
제 작 | 김진식 · 김진현
디자인 | 김준철 · 민경찬

출판등록 | 2024년 9월 3일 제301-2024-000093호
주 소 | 서울특별시 중구 세종대로19길 16 1층 001호
주문전화 | 010-3320-2468
이메일 | luxmundi0901@gmail.com(주문 관련)
       viapublisher@gmail.com(편집 관련)

ISBN | 979-11-994376-6-1 (03230)
한국어판 저작권 ⓒ 2025 ㈜룩스문디

* 값은 뒤표지에 있습니다. 잘못된 책은 구입하신 곳에서 바꾸어 드립니다.